K.

Tillmann Prüfer

JETZT MACH DOCH ENDLICH MAL DAS DING AUS!

Kindler

Für Annette

Die Geschichten in diesem Band erschienen zuerst
als Kolumnen unter dem Titel «Prüfers Töchter» im ZEITmagazin.

Die Geschichten «Mach mir mal die ‹Drei !!!› an», «So geht es
schon wieder los» und «Gute Nacht» sind exklusiv
für diese Ausgabe geschrieben worden.

Originalausgabe
Veröffentlicht im Rowohlt Verlag, Hamburg, Dezember 2020

Covergestaltung any.way, Barbara Hanke / Cordula Schmidt
Coverabbildung Fabio Consoli / kombinatrotweiss
Satz aus der Dolly Pro
bei Pinkuin Satz und Datentechnik, Berlin
Druck und Bindung bei CPI books GmbH, Leck, Germany
ISBN 978-3-463-00006-0

So geht es schon wieder los

Seit mehr als zwei Jahren schreibe ich jede Woche eine Kolumne über meine Töchter. Als ich anfing, war Juli, unsere Jüngste, noch in der Kita und erinnerte meine Frau und mich jeden Tag daran, dass wir leider nicht so gut kochen können wie Heike, die Kita-Köchin. Nun ist Juli in der zweiten Klasse und beschwert sich jeden Tag, dass es in der Schul-Kantine viel, viel schlechteres Essen gebe als zu Hause. In dieser Hinsicht hat sich also die Welt für Juli verschlimmert, für mich verbessert. Meine jüngste Tochter versteht nun, dass es Menschen gibt, die noch miserabler kochen als ihr Vater. Das wertet mich ein bisschen auf.

Ihre älteste Schwester ist Luna. Sie ist zwanzig, und ich kann mich glücklich schätzen, dass sie noch nicht über alle Berge ist. Das ist ja oft so: Die jungen Leute gehen nach Südamerika, um die Welt zu verbessern, und dann hört man nichts mehr von ihnen. Luna hat sich noch nicht dazu durchringen können, die Welt zu verbessern. Oder entschieden, welchen Teil der Welt sie verbessern möchte. Bis es so weit ist, bleibt sie in Berlin.

Lotta, ihre fünfzehnjährige Schwester, probiert ständig neue Kleidungs-Styles aus. Und streitet sich mit ihrer Mutter herum, meiner Frau, weil diese es nicht so gut findet, dass Lotta ihr sämtliche Klamotten stiehlt. Lotta sagt aber, das müsse so sein, weil sie ihrerseits schamlos von ihrer Schwester Greta bestohlen wird.

Greta ist dreizehn Jahre, und wenn sie nicht Kleider okkupiert, dann singt sie. Sie singt irgendwelche Popsongs nach. Ich glaube, die Sprache ist Englisch. Aber es ist ein Singsang-Englisch, in dem die Hälfte der Laute verschluckt wird und nur so eine Sprachmelodie übrig bleibt, in der es um Liebe, Sehnsucht und Enttäuschung geht. Die fehlende Sprachkorrektheit macht Greta durch Lautstärke wett. Sie muss so laut singen, weil sie ja mit dem Sound mithalten muss, der aus ihren Kopfhörern dröhnt.

Das ist nämlich das unbedingte Zubehör für heutige Jugendliche: Bluetooth-Kopfhörer. Die haben sich alle meine Töchter zu ihren jeweiligen Geburtstagen gewünscht. Bluetooth-Kopfhörer bestehen aus zwei einzelnen Hörern, die nicht durch ein Kabel miteinander verbunden sind. Ich war mir sehr sicher, dass die Kinder schnell einen der Hörer, wahrscheinlich aber beide, verlieren würden. Meine Kinder verlieren nämlich alles. Nicht nur Sachen, die ihnen nicht wichtig sind, sondern auch mal eine Jacke oder neue Schuhe. Sachen, von denen ich denke, dass man sie eigentlich gar nicht verlieren kann, weil man sie zum Beispiel an den Füßen trägt. Aber diese winzig kleinen Ohrstöpsel haben die Kinder nicht verloren. Sie sind sogar immer aufgeladen, damit sie jederzeit den neuesten Kram von Spotify rausblasen können. Und die Kinder den mitsingen können.

Man muss sich ein Kind eben heute genau so vorstellen: als einen Organismus mit immer noch ein paar elektronischen Ausbaustufen mehr, die irgendwann gar nicht mehr richtig vom Körper zu trennen sind. Das Bluetooth-Headset im Ohr und das Smartphone in der Hand – man weiß nicht, ob das Smartphone nicht eigentlich Teil der Hand ist, denn man sieht es nie woanders.

Es gibt ja in der Soziologie Strömungen, die davon ausgehen, dass Mensch und Technik eins geworden sind, man die Individuen sozusagen als Cyborgs denken muss, die ohne ihre technischen Extensions genauso wenig existenzfähig wären wie ohne ihre Organe. Ich nehme an, meine Familie würde sich für Studien in dieser Richtung anbieten. Ich beherberge Childborgs: Alle haben ständig ein Handy in der Hand. Außer Juli. Das macht sie sauer. Sie will unbedingt auch ein Handy haben. Meine Frau und ich haben ihr gesagt, dass ein Smartphone nicht gut sei für Kinder. Aber das kann Juli nicht glauben. Wenn ein Smartphone nicht megacool wäre, würden die Eltern und die älteren Geschwister dann ständig hineinstarren? Und erzählen das die Eltern nicht auch von Schokolade?

Elektronische Geräte sind feste Mitbewohner in einer Familie. Die meisten Menschen, die Partnerschaften eingehen, machen sich zunächst keine Gedanken darum. Ihnen wird zu spät klar, dass, wenn sie sich mit einem Menschen zusammentun, dies auch für eine Menge von Geräten gilt. Dass an dem tollen Typen, den man kennengelernt hat, auch eine Xbox hängt. Mit dieser Xbox muss man ihn sich teilen. Und natürlich mit seinem Smartphone. Das hätte man sich eigentlich auch schon denken können, denn ohne dieses Gerät und die Dating-App darauf hätte man ihn ja gar nicht kennengelernt.

Ich will mich selbst da nicht ausnehmen, bei mir sind die Geräte nur andere. Ich habe zum Beispiel einen Röhrenfernseher aus den neunziger Jahren. Er ist riesig und das Bild kleiner als bei jedem Gerät, das man in einem Elektromarkt bekommt. Ich kann mich einfach nicht davon trennen. Außerdem gibt es einen alten Radiowecker, bei dem ich ständig die Uhranzeige neu einstellen muss, weil sie sonst unangenehm blinkt. Meine Frau hat schon oft angeregt, den ganzen Plunder zu verschrotten. Aber ich habe den Eindruck, dass damit ein Teil von mir weggeschmissen würde. Das Analoge, Röhrenartige, Glühbirnenhafte.

Meine Kinder sind hingegen voll digitalisiert. Sie würden sich aber gar nicht als digital im Gegensatz zum analogen Vater begreifen: Sie empfinden sich nicht als digital, sondern als normal. Sie machen eben das, was ihre Freunde machen. Einen großen Teil der Welt nehmen sie über ihre Smartphone-Bildschirme wahr: Was ihre Freunde gerade so tun, welche Musik gehört wird, wo es einen coolen Film gibt. Ihr Vater hingegen, der morgens eine Zeitung liest, die auf Papier gedruckt ist, und der einen Wecker hat, der tickt, weil er nicht von seinem Handy geweckt werden will – dieser Vater, der ist *strange*. Manchmal denke ich, sie sehen in mir einen älteren Herrn, der sich an seine Papierstapel klammert, weil er Angst vor Strom hat, Angst vor der Zukunft. Wer weiß, vielleicht haben sie ja recht. Schön aber, dass sie mit diesem älteren Herrn so freundlich umgehen.

Es ist nicht so, dass es nur um Smartphones geht. Eigentlich macht alles, was elektronisch ist, Krach. Und alles Spielzeug ist heute elektronisch. Mein Schwager hat Juli eine Minnie-Maus-Figur geschenkt. Sie läuft im Kreis, lacht und singt dabei französische Chansons. Das ist für mich doppelt deprimierend. Denn die Maus plärrt laut «Chanson d'Amour», und ich spreche derweil kein Wort Französisch. Das ist das, was Juli wahrnimmt: Es ist nur eine batteriebetriebene Figur und ihrem Vater trotzdem überlegen.

Manchmal braucht es auch nur ganz wenig Elektronik, um maximalen Effekt zu erreichen. Unsere Jüngste hat zu Ostern ein Küken geschenkt bekommen. Wenn man es in die Hand nimmt, sorgt ein kleiner Überbrückungskontakt dafür, dass es «Piep-Piep» macht. Es heißt Piepsi. Juli zieht gerne spät in der Nacht von ihrem Kinderzimmer in das elterliche Bett um. Und jede Nacht nimmt sie Piepsi mit. Sobald Piepsi mit Haut in Kontakt kommt, beginnt es zu piepsen. Und ich wache von einem piepsenden Elektroküken auf. Wenn dem CIA die Ideen für ganz legale Foltermethoden ausgehen, kann ich sie mal mit Juli in Verbindung bringen.

Die letzten Texte, die in diesem Buch vorkommen, wurden während der Zeit der Corona-Pandemie geschrieben. Wenn man im Lockdown ist, bekommen elektronische Geräte eine ganz andere Bedeutung. Alles, was an ihnen wunderbar ist, wird noch wunderbarer. Alles, was an ihnen furchtbar ist, noch furchtbarer. Man ist den ganzen Tag online, denn wer nicht online ist, der ist gar nicht mehr. Die Lehrer werden nur noch online erreicht, die Freunde werden nur noch online erreicht. Nur die Eltern gibt es die ganze Zeit auch offline. Das macht die Offline-Sphäre endgültig zum uncoolsten Ort der Welt.

Alles, was man bislang an Bildschirmzeiten ausgehandelt hat, ist durch Corona Makulatur geworden. Die Smartphones sind omnipräsent und nicht mehr zu stoppen. Jegliche pädagogische Vorhaben hinsichtlich dieser Geräte kann man sich nun abschminken. Denn einem Kind in der Corona-Krise den Zugang zum Netz zu verbieten, ist ungefähr so unmenschlich, wie ihm Klopapier zu verweigern. Und wahrscheinlich ist das Netz auch einer der Gründe, warum man die Krise überhaupt überstehen kann. Wenn alle auf ihre Bildschirme gucken, denkt niemand an das Virus da draußen, das unsere Welt gerade fest im Griff hat.

Und es denkt auch niemand daran, dem anderen den Schädel zu spalten, weil er es zu Hause nicht mehr aushält. Der mittlerweile verstorbene Autor Douglas Adams hat einmal den Fernseher als die Voraussetzung dafür bezeichnet, dass sich zwei Menschen in einem Raum befinden können, ohne einander umzubringen. Das Smartphone ist vielleicht die Voraussetzung dafür, dass eine ganze Familie monatelang in einer Wohnung aufeinanderhocken kann, ohne dass es Tote gibt. So weit bekannt, haben wir alle überlebt.

Juli ist die Einzige, die ohne ein eigenes Handy den Corona-Lockdown überstehen musste. Sie lieh sich allerdings für alle möglichen Zwecke die Smartphones der anderen. Meins wollte sie zum Beispiel immer wieder haben, um damit «Melonen zu schneiden».

«Spinnst du?», rief ich. «Du kannst doch nicht einfach mit dem Handy Obst schneiden! Du darfst ja nicht einmal ein Messer nehmen!»

Dann erst verstand ich, dass sie das Spiel «Fruit Ninja» meinte, das auf meinem Handy ist. Dabei muss man mit einem Messer virtuelles Fallobst im Flug zerschneiden.

Noch lieber aber lieh sie sich das Handy meiner Frau aus. Da ist nämlich eine Mathe-App drauf. In der App sagt einem ein putzig aussehendes Männchen, wie man etwas rechnen soll, verteilt ekstatisch Punkte und zündet ein Feuerwerk, wenn man die richtige Lösung eingetragen hat: «Bravo, das hast du toll gemacht, du bist spitze», quäkt es. Das Männchen ist der Meinung, dass man ein Superchamp ist, wenn man 3 + 4 rechnen kann. Das macht mir das Leben etwas schwer. Denn ich muss mich regelmäßig mit Juli hinsetzen, um mit ihr Hausaufgaben zu machen. Wenn ich ihr dann einen Rechenweg vorgebe, etwa, wie man 11 – 3 rechnet, schüttelt Juli den Kopf: «Das Männchen hat das aber anders gesagt.»

Das ist vielleicht der deutlichste Hinweis darauf, welchen Platz Smartphones in unserem Leben eingenommen haben. Ein Pixelmännchen aus der Rechen-App hat mehr Autorität als ich, der Vater. Immerhin habe ich noch nicht aufgegeben: Ich könnte etwa, sobald Juli ein richtiges Ergebnis sagt, Musik spielen, tanzen und Konfetti werfen. Mal sehen.

Eines Tages verkündete mir Juli übrigens, dass sie nun auch ein eigenes Smartphone habe. Sie zeigte es mir stolz. Es war eine alte Handy-Schutzhülle aus Kunststoff, in die Juli lauter kleine bunte Aufkleber aus einem Stickeralbum geklebt hatte. Es sah tatsächlich ein bisschen so aus wie die kleinen Icons von Apps. Juli saß konzentriert da und tippte auf den Apps herum. Und tippte wieder und lächelte. Lange Minuten. Meine Tochter schien großen Spaß mit ihrem Phantasie-Handy zu haben. Ich hätte mir so gerne mal das Gerät von ihr geliehen.

«OH, DU KANNST WIRKLICH NICHT TANZEN»

Du könntest ja mal Tanzen lernen», hat Greta gesagt. «Ich kann doch tanzen», antwortete ich, «jeder kann tanzen.»

Greta verneinte. Was meine Tochter unter Tanzen versteht, ist nämlich kein spontanes Gezappel und auch kein Discofox oder Cha-Cha-Cha. Stattdessen übt sie recht komplexe Choreographien, die meist zu recht einfachen Techno-Sounds absolviert werden. Es werden kaum einmal die Beine bewegt, dafür aber umso mehr die Arme und Hände. Und Greta lächelt dabei ständig leicht überlegen. Das alles schaut sie sich natürlich von Videoplattformen aus dem Internet ab.

Die Aufforderung, tanzen zu lernen, traf bei mir einen wunden Punkt. Wie viele Männer tue ich mich mit dem Thema schwer. Im Teenager-Alter verbrachte ich viel Zeit damit, am Rand von Tanzflächen zu stehen und anderen dabei zuzugucken, wie sie sich zur Musik bewegten. Ich glaube, ich habe mit Biertrinken angefangen, bloß um etwas zu tun zu haben, während andere tanzten. Allerdings meinte ich zu wissen: Mädchen werden nur auf einen aufmerksam, wenn man auf dem Dancefloor reüssiert.

Ein Freund eröffnete mir, dass alle jungen Männer den Fehler machten, zu steif zu tanzen und nicht die Hüften zu bewegen. Also bewegte ich die Hüften. Das machte es noch viel schlimmer. Ein anderer riet mir, beim Tanzen mein «Selbst» herauszulassen. Ich ließ es heraus. Aber mein Selbst wollten die Mädchen eigentlich auch nicht kennenlernen. Ich blieb lange alleine.

Greta hat nun versprochen, mir Tanzen beizubringen, weil sie ja ohnehin die ganze Zeit tanzt. Sie hört dazu oft nicht einmal Musik.

«Die Musik ist egal», sagt Greta, «es kommt auf die Moves an.»

Ich fragte sie, was für Moves sie denn meine.

Greta bat mich um eine Sonnenbrille. Für diesen speziellen Tanz brauche sie eine Sonnenbrille. Ich fragte nicht, warum, sondern gab ihr eine. Sie schob sie sich geübt in die Haare. Dann machte sie eine Abfolge von Bewegungen. Zunächst stieß Greta beide Ellenbogen nacheinander zur Seite, dann kreiste sie einmal mit dem Kopf. Danach nickte sie abrupt, sodass die Sonnenbrille runter auf die Nase klappte. Nun wiegte sich Greta mehrmals hin und her und machte pumpende Bewegungen mit dem rechten Arm, während sie den linken apart von sich wegstreckte.

«Jetzt du!»

Ich schaffte es nicht einmal, mir die Sonnenbrille so ins Gesicht rutschen zu lassen, dass sie nicht auf dem Boden landete.

«Oh, du kannst wirklich nicht tanzen», sagte Greta.

Ich versuchte die Moves noch einmal, aber irgendwie

fühlte ich mich wie ein mit den Armen rudernder Teddy. Und sah wohl auch genauso aus.

Ich fragte mich, wie es heute den jungen Männern geht. Ob sie immer noch hilflos am Rand der Tanzflächen stehen und dort den Mädchen bei coolen Choreos zusehen?

«Wird denn bei euch auch noch so richtig getanzt?», fragte ich Greta.

«Was meinst du mit richtig?»

Ich machte auf Spotify ein Lied an, zu dem ich getanzt hatte, als ich jung war (von New Model Army), und dann tanzte ich wie früher. Mit Armen, Beinen und kreisender Hüfte. Ich war ganz bei mir, als Greta rief: «Papa, hör sofort auf damit, das ist ja schrecklich!»

Ich fürchte, meine Tochter hat auch kein Interesse an meinem wahren Selbst.

«Kann ich noch eine Stunde Screentime haben, pls?»

Lotta hat ein Smartphone, so wie, glaube ich, jeder Jugendliche ihres Alters eines hat. Es gibt unter Eltern zwei unversöhnliche Lager, was den Umgang mit Smartphones angeht: Die häufigsten Argumente der Gegner sind, dass das Handy die Kommunikation in der Familie unterbinde und Kinder verlernten, sich zu konzentrieren. Die Freunde des Smartphones führen hingegen an, dass jedes neue Medium, als es aufkam, für katastrophal gehalten worden sei. Im Nachhinein sei aber immer alles besser gekommen als befürchtet.

Ich erinnere mich, dass in meiner Jugendzeit die Homecomputer aufkamen. Vor allem die Jungs hatten einen zu Hause und nutzten ihn meist für Computerspiele. Einige von meinen Schulkameraden sind heute Informatiker, einer wurde sogar Informatik-Professor. Ich weiß aber nicht, ob das an den Computern lag. Meinen Eltern kann ich jedenfalls keinen Vorwurf machen, dass sie damals nicht meinem Quengeln nachgaben und mir keinen Computer kauften. Sie hatten offenbar geahnt, dass auch der aus mir keinen Professor machen würde, so schlecht war ich im Rechnen.

Ich selbst bin unschlüssig, ob das Smartphone Lotta mehr schadet oder nützt. Ich folge ihr auf Instagram und kann nicht sagen, dass sie da schlechte Dinge anstellt. Sie lobt die Ponys auf dem Reiterhof («So geil! Ihr müsst unbedingt mal vorbeikommen»). Sie zeigt Akrobatik mit Freundinnen («Friends4ever!»). Allerdings wollte ich präventiv die Nutzung beschränken, deswegen haben wir nun Bildschirmzeiten eingeführt. Ich habe eine App auf Lottas Handy installiert, die nach eineinhalb Stunden den meisten anderen Apps den Saft abdreht. Eineinhalb Stunden kann sie chatten, surfen und liken, dann tritt sie in den digitalen Schatten ein.

Lotta nimmt das murrend hin, sie ist pragmatisch. Ich meinerseits empfinde diese App als unglaublich praktisch. Ich kann genau überwachen, wie viel Zeit Lotta online verbringt, kann einzelne Seiten sperren oder auch komplett das Internet verriegeln.

Wenn Lotta mehr Zeit haben möchte, dann muss sie darum bitten: «Papa, kann ich noch eine Stunde Screentime haben, pls?»

Noch nie war es so einfach für mich, gönnerhaft zu sein. Ich, der Verwalter der Bildschirmzeit.

Neulich erklärte mir eine Bekannte, warum sie wieder eine Tageszeitung abonniert habe. Sie habe gemerkt, dass sie auf dem Smartphone ihre E-Books liest, Mails und Nachrichten checkt und manchmal auch Serien schaut. Was sie auch tut, für ihre Tochter sieht es aus, als ob sie immer das Gleiche macht, nämlich in ihr Handy starren. Deswegen hat sie jetzt wieder Papiermedien im Haus – damit sie der Kleinen ein besseres Vorbild sein kann.

Da kamen mir Zweifel, ob ich meine Furcht, mein Kind hantiere in seinem Leben zu viel mit Smartphone-Apps herum, ausgerechnet mit einer Smartphone-App beseitigen sollte. Kurz darauf entdeckte ich, dass ich auch auf meinem eigenen Smartphone die Bildschirmzeit überprüfen kann. 7 Stunden 41 Minuten stand da für heute. Das konnte nicht wahr sein, ich musste es sofort nachrechnen! Aber leider wusste ich nicht, wie das geht.

«Keine Ahnung, wo der Laptop ist»

Neulich habe ich meinen Laptop gesucht, ich habe ihn nicht in meinem Arbeitszimmer gefunden und auch nicht im Wohnzimmer. Ich war ziemlich verzweifelt, weil ich meinen Computer eigentlich immer an denselben Orten verwende. Ich fragte Greta. «Keine Ahnung, wo der Laptop ist», sagte sie. Dann fand ich ihn doch. Und zwar eingegraben unter der Schmutzwäsche im Bad. Ich bin mir ziemlich sicher, dass ich ihn dort nicht gelassen habe. Ich pflege nämlich weder meinen Laptop ins Badezimmer zu schleppen, noch ihn bei 30 Grad waschen zu wollen. Wieder fragte ich Greta. Aber Greta sagte: «Ich steck doch keinen Computer in die Wäsche!» Sie sagte das in einem Ton, als ob es schon eine ziemlich absurde Frage sei.

Ich habe aber einen Verdacht. Denn als ich meinen Computer anschaltete, war dort ein YouTube-Video von Austin Mahone zu sehen. Ich vermute: Eine unserer Töchter hat sich meinen Laptop geborgt, um damit beim Duschen Musik zu hören. Aus irgendeinem Grund war aber der Rückweg versperrt, vielleicht stand ich vor dem Bad und pochte wie jeden Morgen verzweifelt um Einlass. Möglicherweise wurde daher der Laptop schnell entsorgt.

Warum jedoch sollte ein Kind das tun? Natürlich, um die beschränkten Medienkonsumzeiten zu umgehen. Unsere Kinder nutzen alle möglichen Wege, um die Prohibition zu unterwandern. Auch wenn dabei mal ein Laptop zwischen den alten Unterhosen landet.

Im Internet habe ich gelesen, dass es mittlerweile eine richtige Kinderhacker-Szene gibt, die versucht, die ihr auferlegten Internetsperren auszuhebeln. Ich las von Achtjährigen, die die Kamera-App so manipulieren, dass man damit unbemerkt von elterlicher Kontrolle im Netz surfen kann. Es scheint auch zu helfen, gesperrte Apps zu löschen und neu zu laden. Eine Fünfzehnjährige in den USA soll, nachdem ihr Handy konfisziert worden war, die Social-Media-Funktion des elterlichen Kühlschranks genutzt haben, um weiterzutwittern. Das ganze Netz ist voll von Eltern, die beklagen, wie ihre Kinder durch die Schlupflöcher des medialen Stacheldrahts kriechen.

Eltern werden also hintergangen. Wahrscheinlich sollte ich künftig nicht nur meinen Laptop, sondern auch das iPad verstecken. Aber stelle ich mir so unseren Alltag vor? Als ewiges Räuber-und-Gendarm-Spiel? Erziehen wir unsere Kinder zu Verbrechern?

Als ich ein Kind war, wollte mein Vater verhindern, dass ich zur Schlafenszeit noch stundenlang Hörspiele der «Drei ???» auf dem Kassettenrekorder hörte. Der Kassettenrekorder war das Smartphone der achtziger Jahre. Mein Vater nahm das Netzkabel mit. Ich fand ein Ersatzkabel im Keller. Mein Vater drehte die Sicherung fürs Kinderzimmer heraus. Ich nahm die Batterien aus seiner Taschenlampe und steckte sie in den Rekorder. Bei alldem hatte ich überhaupt kein Unrechtsbewusstsein. Ich hatte meine Interessen, er seine. Und ich hatte Spaß.

Ich frage mich manchmal, was der verstorbene dänische Superpädagoge Jesper Juul zu alldem sagen würde. Er würde wohl raten, das Gespräch mit den Töchtern zu suchen und bei ihnen die Einsicht zu fördern, zu ihrem eigenen Wohl weniger im Netz unterwegs zu sein. Und auf Kontrollen zu verzichten. Dennoch, meine ich, sollte es auch klitzekleine Kriegsschauplätze in Familien geben. Als Nächstes prüfe ich, ob die Mikrowelle eine heimliche Internetverbindung hat.

«Was soll ich tun?»

Juli besitzt wie gesagt kein Smartphone. Ich finde, Smartphones sind Geräte, die hervorragend dafür designt sind, ein bestimmtes Gefühl auszurotten: die Langeweile. Nichts zu tun zu haben, nichts zu daddeln zu haben, nichts zu swipen zu haben. Einfach nichts.

Weil Juli sich nicht mit einem Handy zerstreuen kann, gibt es bei ihr diese unheilverkündende Stimmungslage. Ich erkenne sie daran, dass Juli scheinbar kraftlos, mit hängendem Kopf, durch das Wohnzimmer taumelt. Sie schleppt sich zum Sofa und lässt sich der Länge nach draufplumpsen, so als hätte sie es gerade noch geschafft, die Kissen zu erreichen, bevor sie zusammenbricht. Auf dem Sofa bleibt sie eine Weile mit dem Gesicht nach unten liegen. Dann rutscht sie wie eine Puppe auf den Teppich. Sie starrt an die Decke und klagt: «Was soll ich tun?»

Was soll ich tun: Das sind große Worte. *Was tun?* heißt das Hauptwerk Lenins. Doch so dramatisch, wie Juli es ausspricht, erinnert es eher an Scarlett O'Hara in «Vom Winde verweht», als diese sich dem sie verlassenden Rhett Butler an die Brust wirft und fleht: «Wohin soll ich gehen? Was soll ich tun?»

«PAPA, WAS SOLL ICH TUN?!», grollt Juli jetzt. Und das bedeutet, dass die Situation auf dem Weg in die direkte Eskalation ist.

Ich sage: «Spiel doch was mit Playmobil.»

Das war die falsche Antwort, von Juli höre ich «Playmobil ist so doof», es tönt leise, aber grummelnd wie vom Kraterboden eines schwelenden Vulkans.

«Dann mal doch was Schönes!»

«Ich weiß aber nicht, was ich malen soll!»

«Mal doch ... ein Pferd!»

«Ich kann kein Pferd! ICH WEISS NICHT, WAS ICH TUN SOLL!»

Spätestens jetzt ist klar, dass es hier nicht um Beratungsbedarf geht. Ich verlasse flugs den Raum, ich höre noch durch die Tür ein «AAAAAAAAAAAAAHH!!!». Juli hat einen Wutanfall bekommen. Aus Langeweile.

Ich erinnere mich selbst daran, wie zermürbend Langeweile in meiner Kindheit war. Sich langweilen ist ja nicht chillen. Man entspannt dabei nicht. In der Langeweile trifft ein Überdruss an der Welt auf einen Überdruss an sich selbst. Wenn man sich langweilt, dann rumpelt im Bauch eine Unruhe, die kein Ventil findet. Weil die verdammte Welt einem nichts Interessantes anbietet, das man jetzt tun könnte, um sich zu befreien. Weil die Welt sich einfach nicht um einen schert. Weil dieses Rumpeln im Bauch der Welt ganz einfach egal ist. In der Langeweile geschieht die ganz große Konfrontation mit dem Universum, die Erkenntnis, dass das Universum etwas anderes will als man selbst, nämlich meistens gar nichts. Und ich, der Vater, bin gerade äußerster Ausdruck dieses Weltenrunds. Wie ich da eben so ein Buch lese und offensichtlich hochzufrieden bin, gar nichts anderes zu tun zu haben.

Ich weiß, gegen Langeweile hilft nur Spektakuläres. Ich gehe wieder ins Wohnzimmer und sage: «Komm, Juli, wir richten dein Aquarium neu ein.»

Juli hat ein trübes Aquarium mit ein paar Fischen. Es müsste dringend gereinigt werden. Das findet Juli interessant. Ich räume Wurzeln aus dem Glastank (die armen Fische haben jetzt auch keine Langeweile mehr). Juli darf alles mit dem Gartenschlauch abspritzen. Sie macht dabei einen zufriedenen Eindruck. Mir fällt auf, dass ich auch den Bodengrund reinigen, den Filter säubern, die Pflanzen beschneiden, das Licht reparieren und das Wasser wechseln muss. Ich schleppe einen Eimer Wasser aus Julis Zimmer und rufe auf die Terrasse: «Juli, hast du schon die Wurzeln schön sauber gemacht?»

Aber sie antwortet nicht. Sie hat den Gartenschlauch weggelegt und spielt mit Playmobil. Meine Tochter und das Universum sind wieder Freunde. Und ich hab auch wieder zu tun.

«Hör auf, verkrampft auszusehen»

Warte, ich muss das erst fotografieren!», sagt Lotta eigentlich immer, und dann macht sie ein Foto. Sie macht ein Foto von einem schön gedeckten Tisch. Sie macht ein Foto von etwas, das sie geschenkt bekommen hat. Sie macht ein Foto von ihrem Zimmer, wenn sie es aufgeräumt hat. Sie macht ein Foto von dem Essen auf dem Teller, bevor sie es isst. Wenn ich wissen will, was Lotta so in den letzten paar Stunden gemacht hat, lohnt es sich nicht, sie zu fragen. Ergiebiger ist es, einfach auf ihrem Handy durch die Fotos zu scrollen. Etwas, wovon es kein Foto gibt, hat in ihrem Leben nicht stattgefunden.

Natürlich macht Lotta besonders viele Fotos von sich. Lotta macht Fotos von sich mit ihren Freundinnen, sie macht Fotos von sich in einem neuen Look. Sie macht Fotos von sich kurz nach dem Aufstehen. In diesem Sinne wächst meine Tochter komplett anders auf als ich. Kinder heute haben nicht nur ein fotografisches Gedächtnis in Form ihres Smartphones, sie haben auch ein fotografisches Bewusstsein. Lotta weiß zu jeder Zeit, wie sie gerade auf einem Foto aussehen würde. Wenn irgendwer in ihrer Nähe ein Smartphone reckt, kann Lotta in einem Sekundenbruchteil einen fotogerechten Gesichtsausdruck aufsetzen. Sie ist in dieser Hinsicht unschlagbar. Ich könnte sie nachts wecken, und sie würde mir mit ihrem Fotogesicht entgegenblinzeln, bevor sie bei Bewusstsein wäre. Lottas Fotogesicht hat ein leicht gerecktes Kinn, leicht angehobene Brauen und ein Lächeln mit leicht geöffneten Lippen.

Menschen wie ich wurden ohne Fotogesicht groß. Und deshalb sehen Menschen wie ich auf Selfies offenbar bescheuert aus. Denn wenn ich versuche, ein Selfie von Lotta und mir zu machen, duckt mein Kind sich weg. Sie ist der Meinung, dass meine Selfies schlimm aussehen, und sie will nicht auf einem schlechten Bild mit drauf sein. Wahrscheinlich hat meine Tochter recht. Wenn ich ein Bild von mir mache, dann sehe ich darauf so angestrengt aus, als sei das iPhone ein Spiegel, in dem ich mich kritisch beäuge. Lotta hingegen schaut immer entspannt in die Kamera, als sei es das Natürlichste der Welt. Und wenn wir zusammen auf einem Selfie sind, dann sieht es ein bisschen so aus, als sei sie meine Pflegerin im Altenheim.

Ich bin eben mit einem sehr anderen Verhältnis zur Fotografie aufgewachsen. Wenn man früher abgelichtet wurde, dann hielt sich jemand einen Apparat mit einer großen Linse vors Auge, und eine gewisse Anspannung ging durch den ganzen Körper. Und wann wurde man schon fotografiert? Eigentlich nur zu bestimmten Anlässen wie Familienfeiern oder Schulabschlüssen oder wenn ein Bewerbungsfoto gemacht wurde. Dann sagte jemand, dass man jetzt noch ein bisschen die Nasenspitze heben und den Kopf leicht schief legen solle oder vielleicht auch den Oberkörper etwas drehen. Irgendwie sah man wohl immer eher ungut aus, und der Fotograf war ehrlich bemüht, genau den richtigen Winkel zu finden, um noch das Beste rauszuholen. Es fühlte sich an, als ob in diesem Moment die Weltöffentlichkeit kritisch auf einen herabblickte.

Immer wenn ich vor einer Kamera stehe, habe ich wieder dieses Gefühl, und ich habe es sogar, wenn ich mich selbst fotografiere. Als müsse ich mich anstrengen, irgendwie passabel auszusehen.

«Papa, hör mal auf, so verkrampft auszusehen!», sagt Lotta dann. Sie gibt mir Tipps, wie ich die Kamera halten soll. Lotta findet, dass ich das Smartphone zu fest umklammere, wenn ich ein Selfie mache. Ich verstehe allerdings nicht, wie ich es besser machen könnte. Langsam glaube ich, dass ich eben nicht nur verkrampft gucke, sondern diese Verkrampftheit meinem Innersten entspricht. Ich bin einfach ein verkrampfter Typ. Und wenn Krampftypen wie ich versuchen, locker auszusehen, machen sie alles nur noch schlimmer. Lotta hat das ganz richtig erkannt und vermeidet deshalb zu Recht Bilder mit mir.

Selfies sind bei Lotta keine zufälligen Bilder, sondern sorgsam komponierte Arrangements. Manchmal blickt sie melancholisch in die Ferne. Manchmal schaut sie in die Kamera, als hätte ihr gerade jemand einen guten Witz erzählt. Oder als würde sie sich spontan zum Betrachter umdrehen, weil er sie soeben angesprochen hat. Manchmal lässt sie lässig den Kopf auf die Schulter einer Freundin sinken.

Überhaupt ist bei solchen Bildern offenbar sehr wichtig, wer noch mit drauf ist. Lottas Selfies zeigen nicht nur sie, sondern auch, mit wem sie sich umgibt: mit Freundinnen und Kumpels. Mit Pferden. Süßen Hunden. Nicht mit Vätern.

Ich habe das Gefühl, ich kann von meiner Tochter in dieser Beziehung viel lernen. Neulich wollte ich mir zum Studium der Selbstdarstellung Lottas Instagram-Account angucken. Ich fand ihn nicht. Erstaunt fragte ich Lotta, ob sie gar nicht mehr bei Instagram sei. Sie schaute mich etwas mitleidig an.

«Natürlich bin ich noch bei Instagram, aber ich hab dich blockiert, sonst schreibst du mir noch dumme Kommentare unter die Fotos.»

So ist das heute, wenn Kinder groß werden. Früher wurden sie aufmüpfig, heute setzen sie ihre Eltern digital vor die Tür.

«Bin auf dem Weg»

Neulich hatte ich eine Lesung aus dem ersten Buch, das ich über meine Töchter geschrieben habe. Ich werde immer wieder gefragt, wie denn dieses Schreiben über Töchter so funktioniere. Ob die Töchter das denn einfach alles so zulassen.

Nein, das tun sie nicht. Bevor ich einen Text schreibe, werde ich beim jeweiligen Kind mit dem Thema vorstellig, um mir mein Placet zu holen. Juli, die Jüngste, lässt sich dabei von meiner Frau vertreten.

Wenn der Tochter das Thema gefällt, sprechen wir darüber. Dann schreibe ich. Anschließend lege ich ihr das Geschriebene vor. Dann liest sie, einiges lehnt sie ab. Manchmal einzelne Wörter, die sie uncool findet, manchmal geht der ganze Text zurück. Ich bin im Grunde ein Gefälligkeitsjournalist. Wer eine Vorstellung davon haben möchte, wie es in unserer Familie wirklich zugeht, muss sich nur überlegen, worüber ich alles *nicht* schreibe.

Zu der Lesung waren alle meine Töchter geladen. Ich war sehr nervös. Meine Kinder hingegen waren sehr entspannt. Sie entstammen einer Generation, in der Bücher nichts Besonderes mehr sind. Auch nicht die, die man selbst schreibt. Sie haben aber auch nichts gegen Bücher. Ich hätte sie nur ebenso gut zum Kuchenessen einladen können. Gegen Kuchen haben sie, glaube ich, noch weniger als gegen Bücher.

Ich hatte gebeten, pünktlich zu sein. Zwei Stunden vor der Veranstaltung rief mich Luna an. Sie habe keine Ahnung, was sie zu so einem Anlass anziehen solle. Ich sagte ihr, es sei egal, wichtig sei nur, dass sie pünktlich komme.

Eine Stunde später schrieb sie, dass sie nun wisse, was sie anziehen werde, sie mache sich gerade fertig. Ich sendete ihr drei Smileys zurück und schrieb «BIS GLEICH». Das sollte ein unübersehbarer passiv-aggressiver Hinweis sein.

Zwanzig Minuten vor Beginn bekam ich eine weitere SMS von Luna: «Bin auf dem Weg.» Ich meinte, sie könne es unmöglich schaffen, und schrieb ihr zurück: «Nimm ein Taxi!» Einige Minuten später, ihre drei Schwestern saßen schon auf ihren Plätzen, textete sie: «Bin aus dem Bus ausgestiegen, suche jetzt ein Taxi.»

Ich sollte schon beginnen, als mein Handy klingelte und Luna mir mitteilte, dass sie nun im Taxi sitze. Ich knurrte etwas Freundliches, dann machte ich das Handy aus. Ich sah deswegen nicht die SMS, in der sie mich noch mal nach der Adresse fragte.

Eine Eigenschaft, die Luna mit mir gemeinsam hat: Sie kommt gern mal zu spät. Und zwar nicht in Situationen, in denen der Zeitplan eng ist. Sondern immer dann, wenn man schon lange im Voraus weiß, wann ein Ereignis stattfindet, und davor auch nicht so viel zu tun hat. Die eigene Hochzeit ist etwa ein Termin, den Luna ganz gut verpassen könnte. Sie ist wie ein Pilot, der nur dann die Landebahn verfehlt, wenn das Wetter schön und die Sicht klar ist.

Ich kenne das von mir selbst. Wenn ich alles richtig machen will, dann will ich auf etwas sehr gut vorbereitet sein. Ich plane mir die Zeit ein, und das große Ereignis steht am Ende eines langen Weges. Plötzlich kommt mir die Zeit bis dahin sehr lang vor, und ich finde, dass ich auch noch alles Mögliche erledigen könnte. So viel, bis dann doch keine Zeit mehr ist und ich mich komplett verstolpere. So geht es mir wieder und wieder, und so geht es auch meiner ältesten Tochter.

Manchmal denke ich, sie hätte auch etwas anderes von mir erben können. Und dann überlege ich: ja, was eigentlich? Ich finde, man sollte als Vater dankbar sein, wenn man überhaupt eigene Eigenschaften bei seinen Kindern wiederentdeckt. Irgendwie ist ja alles, was verbindet, gut. Denn nur über Gemeinsamkeiten versteht man einander.

Luna betrat dann den Saal, just als ich eine Szene vorlas, in der meine Älteste zu spät zum Essen kommt. Nach der Lesung sagte sie: «Siehst du, Papa, das war ja perfektes Timing.»

Zum Glück erlaubte sie mir, darüber zu schreiben.

«Ich guck TikTok, stör mich nicht!»

Greta lag auf dem Sofa und starrte auf ihr Handy. Sie war komplett reglos, nur ein Finger bewegte sich wischend. Greta war am «Swipen», so viel hatte ich gelernt. Ihr Smartphone spuckte alle zwei Sekunden neue Töne aus. Es hörte sich nervig an, so als würde das Handy immer wieder ansetzen, meine Tochter zu unterhalten, jeder Versuch aber sofort weggewischt werden. Manchmal verharrte Greta etwas länger. Aber nie länger als dreißig Sekunden.

Ich fragte: «Was machst du da?»

Greta antwortete: «Ich guck TikTok, stör mich nicht!»

Ich musste irgendwann doch stören – sonst hätte Greta Stunden so verharrt.

TikTok ist der Albtraum aller Waldorfpädagogen. Wer schon YouTube für ein geistloses Medium hält, für den ist TikTok der Weltuntergang. Es ist eine endlose Aneinanderreihung von Minifilmchen. Keines dauert länger als eine Minute. Eine Minute! Ist das heute die erwartbare Aufmerksamkeitsspanne von Jugendlichen?

«Was ist denn deine Lieblingssendung auf TikTok?», fragte ich Greta.

Sie schaute mich an, als wäre ich gerade aus einem Erdloch gekrochen und wollte wissen, wie der Zweite Weltkrieg ausgegangen sei: «Sendung?»

Mir fiel ein, dass das Wort «Sendung» heutigen Jugendlichen seltsam anmuten muss. Aber Greta kannte sich offenbar aus mit dem Wortschatz älterer Generationen.

«Bei TikTok gibt es keine ‹Sendungen›», erklärte sie mir.

«Aber es wird doch irgendeine Form von Programm geben?»

Schon wieder ein Begriff, den Greta unpassend fand. «Programm? Ich zeig dir das mal», sagte sie milde. Sie führte mir TikTok vor.

Meist waren auf dem Screen Jugendliche zu sehen, die zu einer bestimmten Musik irgendetwas reichlich Aufgekratztes trieben. Oft tanzten sie. Ich fragte meine Tochter, was das für Songs seien, denen sie lauschte.

«Das sind keine Songs, das sind Sounds», korrigierte Greta. Die Jugendlichen heißen bei TikTok übrigens auch nicht Jugendliche, sie heißen «Creators».

Greta verließ das Zimmer, jetzt swipte ich allein weiter. Die Creators zeigten manchmal Sketche, bei denen sie wie Figuren aus alten Stummfilmen agierten, dabei kommentierten sie ihr Tun mit lustigen Textzeilen. In den Sketchen spielten sie alle Charaktere selbst. Wenn die Schüler ihre Eltern oder Lehrer imitieren wollten, dann trugen sie Brillen, immer. Es gab auch sehr kreative Filme. Zum Beispiel nahm ein Creator Mitmenschen mit einer Wärmekamera auf und dokumentierte die Hitzewolken, die ihnen entstiegen, wenn sie pupsten. Das war ein besonders beliebtes Video.

TikTok ist, wie wenn man Gummibärchen isst: Man wird nicht satt, kann aber auch nicht aufhören. Denn immer wenn man gerade anfangen würde, sich zu langweilen, geht es schon mit etwas völlig anderem weiter. Es gibt in diesem Medium nichts Gehaltvolles, und man kann auch nichts lernen. Auf TikTok kann sich allerdings auch niemand richtig blamieren, denn auch das, was peinlich ist, ist schnell wieder vorbei. TikTok ist verschwendete Zeit und gibt nichts anderes vor, als verschwendete Zeit zu sein.

Ich fühlte mich daran erinnert, wie ich selbst als Jugendlicher vor dem Röhrenfernseher saß und auf der Fernbedienung zappte, zappte, zappte. Es war verschwendete Zeit, aber es war auch angenehm. Zeitverschwendung ist ein Privileg der Jugend, damals wie heute. Nur dass Greta heute die wesentlich interessantere technische Ausstattung dafür hat.

Mich ergriff Traurigkeit: Ich selbst würde nicht mehr so viel Zeit zum Verplempern haben. Schweren Herzens legte ich das Handy weg.

«WOHER KENNST DU ABBA?»

Ich bekomme immer wieder gesagt, das Tolle an Kindern sei ja, dass man als Vater immer topinformiert sei, was gerade musikmäßig das Allerneueste ist bei den Teens.

Tatsächlich hört unser Teen Lotta den ganzen Tag laut Musik. Lotta streamt sämtliche Titel mit der Spotify-App auf ihrem Handy. Sie singt auch gern dazu. Neulich hörte ich: *In the name of love ...*

«Hey, das ist doch der alte Disco-Hit von Martin Garrix & Bebe Rexha», sagte ich.

Das sollte also der heiße Shit sein, auf den die Jugend abfährt? Ich sang demonstrativ mit, um zu zeigen, dass ich auch Ahnung von Musik habe.

Lotta zog sofort die Stirn kraus. Sie fand es nicht lustig, dass ihr Vater sich damit brüstete, ihre Musik zu kennen. Dann suchte sie ein anderes Lied auf Spotify raus.

«Hör mal, Papa, das ist ganz cool: *I'm a Barbie girl in a Barbie world ...*»

«Das gibt's doch nicht, das ist von Aqua! Das Lied kam raus, da war ich gerade dreiundzwanzig – und ich fand es damals schon schrecklich!», brach es aus mir heraus.

Lotta blieb ungerührt. Ich verstand die Welt nicht mehr.

«Sag mal, hört ihr denn keine *neuen* Sachen, so Dua Lipa oder so?» , fragte ich.

«Och jo, die kenn ich auch, ich stehe aber nicht so drauf … hier, das hier ist auch ein nettes Lied.» Sie tippte etwas in die Spotify-Suchleiste, dann erklang: *Don't worry, be happy …*

Ich musste laut auflachen: «Das ist Bobby McFerrin, das haben wir hoch und runter gehört, als ich so alt war wie du.»

Aber auch das beeindruckte Lotta überhaupt nicht, sie spielte schon das nächste Lied, «Dancing Queen» von Abba.

Ich grölte mit: *«Däääänzing Queen / young and sweet / only seventeen.»*

«Woher kennst du denn Abba?», fragte Lotta verständnislos.

Als ich selbst ein Teenager war, gab es eben noch die sogenannten Singles. Man kaufte einzelne Songs auf kleinen Vinyl-Schallplatten. Aus dem Verkauf dieser Dinger errechneten sich dann die «Single-Charts». Zuerst wollte man als Jugendlicher unbedingt die Platten haben, die in den Charts waren (gern auch als Maxi-Single), dann kam irgendwann die Zeit, da man großen Wert darauf legte, Bands zu hören, die gerade nicht in den Charts waren. Dafür musste man in die nächste Großstadt, um in den Spezialabteilungen großer Plattenläden die besonderen «Pressungen» zu finden, wofür man sein gesamtes Taschengeld loswurde. In jedem Fall war es eine identitätsstiftende Frage, was man hörte und was man unbedingt nicht hörte. Der Gang in die Musikbibliothek war ein entscheidender Teil der Persönlichkeitsbildung.

Für Lotta sieht die Welt völlig anders aus. Der Streamingdienst Spotify ist für sie einfach eine große Wühlkiste, aus der sie aus jedem Jahrzehnt einfach mal das rausfischen kann, was ihr gerade gefällt – und am nächsten Tag hat sie es schon wieder vergessen. Sie muss keiner Band die Treue halten.

Schließlich trällerte meine Tochter: *I got to keep on moving*.

Ich nahm das Handy: «O wow, das ist aus den Achtzigern, ich kenne da etwas, das wird dir dann auch gefallen.» Ich suchte den Hit «Take On Me» von a-ha für sie raus.

Lotta lauschte und sagte kopfschüttelnd: «Ach Papa, du verstehst eben nichts von der Musik junger Leute…»

«OKAY. ABER DANN DARF ICH DAFÜR WAS ANDERES!»

Ich möchte hier einmal erklären, wie man ein Kind erzieht, ohne zu schimpfen und zu drohen. Diese ganze schwarze Pädagogik ist überhaupt nicht gut. Für niemanden. Wenn man aus der Haut fährt, zeigt man doch nur die eigene Unsicherheit. Das Vertrauen in den Vorbildcharakter des Vaters wird beschädigt, es werden pure Hierarchien markiert. Ich hier oben, du da unten. So zieht man keine Demokraten heran.

Besser macht man es so: Ich sage etwas zu meiner jüngsten Tochter – etwa, dass sie beim Essen am Tisch sitzen und nicht in der Gegend herumlaufen soll. Ich halte das für eine berechtigte und nachvollziehbare Forderung. Schließlich sitzen alle anderen auch am Tisch. Es ist also nicht so, dass hier etwas absolut Wahnsinniges von einem Kind verlangt würde, sondern eigentlich nur das, worauf man auch selbst kommen kann: Alle sitzen am Tisch, dann setze ich mich auch. Juli aber läuft um den Tisch herum. Hier spielt wohl das eine Rolle, was man «Grenzen austesten» nennt.

Dies sind die Sternstunden der Pädagogik. Nun kann man zeigen, was man als aufgeklärter Vater so draufhat.

«Juli, jetzt guck doch mal, wir wollen nun alle gemeinsam schön essen, und da ist es doch überhaupt nicht schön, wenn einer hier immer so rumläuft ...»

Nur in solchen Gesprächen sage ich Dinge wie «schön essen». Vielleicht ist es gar kein schönes Essen. Es ist ganz gewöhnlich, es gibt Nudeln mit Tomatensoße. Das einzig Besondere an diesem Essen ist bis jetzt, dass es von einem kleinen Kind gestört wird, das hier den Kasper macht.

Leider reagiert Juli nicht auf dieses Gesprächsangebot. Sie spielt jetzt mit ihren Schleich-Tieren.

Okay, denke ich, das ist richtig frech. Aber wenn ich laut werde, lernt sie, dass man mich leicht aus dem Konzept bringen kann. Ich sage: «Juli, ich möchte, dass du dich jetzt sofort hinsetzt, sonst werden alle ärgerlich.»

Sehr gut, denke ich. Dem Kind zeigen, dass Fehlverhalten zu negativen Emotionen des gesamten Umfelds führt. Nun habe ich Julis Aufmerksamkeit.

«Okay, aber dann darf ich dafür was anderes, ich darf nachher fernsehen!»

«Das eine hat mit dem anderen nichts zu tun. Du musst dich jetzt hinsetzen und essen.»

«Die anderen dürfen ja auch immer fernsehen!»

«Du setzt dich jetzt hin!»

«Ich darf ja NIE fernsehen!»

«Darüber reden wir später, aber JETZT setzt du dich erst mal hin.»

Juli setzt sich hin. Ich fühle mich okay, ich habe eine Eskalation verhindert, wir essen.

Wir sind fertig. Ich sage: «So, jetzt ziehst du dir den Schlafanzug an.»

«Aber dann darf ich ZWEI Folgen fernsehen! Das hast du VERSPROCHEN!»

«Das habe ich gar nicht versprochen! Juli, es ist spät, und kleine Mädchen wie du müssen nun ins Bett.»

«Es ist überhaupt nicht spät, guck doch mal raus, es ist noch ganz hell!»

«Juli, die Uhr sagt aber, dass jetzt Schlafenszeit ist.»

«Die Uhr kann gar nicht sprechen, die sagt gar nichts. Es ist hell, also ist jetzt Mittag!»

«Nein, es ist nicht Mittag, es ist …»

«In der Kita haben sie gesagt, ich muss keinen Mittagsschlaf mehr machen, und DU willst, dass ich Mittagsschlaf mache!»

«Nein, du musst keinen Mittagsschlaf machen, es ist nur … äh …»

«Dann darf ich jetzt also zwei Folgen gucken?»

«Nein, nur eine!»

«Du bist der beste Papa der Welt!», ruft Juli und umarmt mich.

Dann guckt sie zufrieden Fernsehen, und ich bin zufrieden, dass ich die Situation mal wieder ohne Schimpfen gelöst habe. Nur ganz kurz denke ich darüber nach, ob mich mein Kind möglicherweise über den Abendbrottisch gezogen hat.

«Ich sag's ja: kaputt»

Neulich teilte mir Lotta über den Fernseher mit: «Papa, die Kiste ist voll Schrott.» Er gehe nicht mehr an. Wir müssten einen neuen kaufen.

Ich war sehr betroffen. Zum einen: Wir hatten den Fernseher doch noch gar nicht so lange. Wie kann es sein, dass so ein Gerät binnen zwei Jahren den Geist aufgibt, einfach so? Zum anderen ärgerte ich mich über meine Tochter. Da geht ein Fernseher kaputt, und Lotta merkt das so nebenbei an? Als ob das Klopapier alle sei?

Als ich Kind war und mein Vater den Telefunken PALcolor 616 mit orangefarbenem Thermoplast-Gehäuse und acht Programmplätzen nach Hause brachte, war das ein geradezu religiöses Ereignis. Wer würde jemals acht Programme brauchen, fragte ich mich damals. Wäre dieser Fernseher kaputtgegangen, wäre das eine Katastrophe gewesen. Aber außer dass sie nun auf dem Fernseher keine Serien mehr gucken kann, interessiert Lotta die Angelegenheit nicht weiter. Was da vielleicht im Einzelnen nicht funktionierte, ob der Transformator defekt oder vielleicht ein Transistor durchgeschmort ist – all das ist meiner Tochter total wumpe. Kaputt ist eben kaputt.

Für Lotta existiert die Welt nur in zwei Zuständen: Schrott und Nichtschrott. Sie wächst mit Geräten auf, die so vollgestopft mit Rechenleistung sind, dass man damit eine Marsmission planen könnte. Aber sie will nur wissen, ob das Zeug funktioniert. Ihr Smartphone, sagte Lotta neulich, sei übrigens auch bald Schrott: Irgendwie gehe es immer wieder plötzlich aus, außerdem könne man es nicht mehr stumm schalten. Ich finde ja, das Gerät hält sich ganz gut, bedenkt man, dass das Teil den ganzen Tag in der Gesäßtasche eines Teenagers steckt und überall mit hingenommen wird.

Die Verschrottung geht aber immer weiter: Bei unserem Kühlschrank gibt es Probleme mit der Isolierung, er zieht Luft. Die Rückwand vereist, es sammelt sich Tauwasser am Boden.

«Schrottkühlschrank», sagt Lotta.

Der Toaster hat auch ein Problem, irgendwie funktioniert der Temperatursensor nicht mehr. Lotta informierte mich jüngst, wir hätten nun auch einen «Schrott-Toaster».

Da reichte es mir, ich verteidigte den Apparat: «Der Toaster ist überhaupt nicht Schrott, da ist bestimmt nur ein ganz kleines Teil kaputt.»

«Ich sag's ja: kaputt», meinte meine Tochter trocken.

«Der ist nicht kaputt! Höchstens ein bisschen!»

Lotta zuckte mit den Schultern und wendete sich ab.

Ich untersuchte den Toaster und stellte fest: tatsächlich vollkommen kaputt. Der Toast wird nicht mal mehr warm. Und nun muss ich ihn wegwerfen und einen neuen kaufen. Ich hasse es.

Wenn alle Dinge um mich herum kaputtgehen, wird mir bewusst, dass auch ich immer mehr kaputtgehe. Vater-Schrott. Allerdings musste ich feststellen, dass Lotta gar kein großes Problem damit hat, mit Schrott zu leben. Sie nimmt die ganze Dysfunktion, die sie umgibt, stoisch hin. «Schrott» ist für sie vielleicht gar kein abwertendes Wort. Sondern eher die interessante Metamorphose eines ehemals langweilig-funktionalen Dings. Das gibt mir Hoffnung, dass sie sich auch eines Tages mit einem kaputten Vater abfinden wird.

Ich habe mir den Fernseher dann näher angeguckt. Er ging tatsächlich nicht mehr an, wenn man die Fernbedienung drückte. Versuchsweise tauschte ich die Batterien der Fernbedienung aus. Da funktionierte er wieder.

«Guck mal: Ich habe den Fernseher repariert», flötete ich.

«Uuuuh, *magic!* Du bist voll der Gott», lobte mich meine Tochter.

Solange es so einfach ist, meine Tochter zu beeindrucken, habe ich auch keine Angst vor dem Älterwerden.

«MACH MIR MAL DIE ‹DREI !!!› AN!»

Ich habe eigentlich die Hoffnung aufgegeben, dass ich der Held meiner Kinder sein könnte. Jedenfalls lässt keine meiner Töchter irgendwann mal durchblicken, dass sie mich als ein besonderes Vorbild ansehen würde. Oder ich habe nach zwanzig Jahre Töchteraufziehen noch nicht verstanden, wie Von-Töchtern-bewundert-werden aussieht.

Aber natürlich haben die Kinder Helden. Sie kommen aus dem Fernsehen und dem Internet. Sind Serienfiguren oder YouTuber. Die meisten Helden hat Juli. Gerade sind ihre größten Heldinnen die «Drei !!!». Das ist eine Hörspielserie über jugendliche Detektivinnen, die Mädchenversion von den «Drei ???», welche die Helden *meiner* Kindheit waren. Immer wieder fordert Juli: «Mach mir mal die Drei !!! an!»

Es gibt mehr als sechzig Hörspiele der «Drei !!!», und Juli kennt sie alle. Die Titelmelodie geht so: «Mädchen sehen vieles anders, können manches besser, bleiben stets dabei ...» Ich habe diesen Song so oft gehört, dass ich ihn manchmal selbst unbedacht vor mich hin singe. Dann aber ermahne ich mich: Moment mal, ich bin doch gar kein Mädchen! Ich kann doch schlecht zugeben, dass Mädchen die Dinge BESSER können. Sie sollten die Dinge vielleicht genau gleich gut können wie Jungs, oder?

Ich habe mir einige der Hörspiele der «Drei !!!» angehört. Die jungen Detektivinnen sind wirklich auf Zack. Ich erinnere mich, dass die «Drei ???» natürlich auch erfolgreich waren, aber sie waren ein eher schwieriges Trio. Einer der drei, Jonas, war pummeliger Vollwaise, ein anderer ein Journalistensohn, das ist ja auch nicht leicht. Der dritte ein ängstlicher Goliath. Das Büro der «Drei ???» war ein Campinganhänger auf einem Schrottplatz.

Ganz anders die «Drei !!!»: Ihr Büro liegt auf einem Bauernhof mit Pferden. Eine der Detektivinnen lebt mit ihrem Vater, einem gut verdienenden Schauspieler, in einem Penthouse mit Sauna und Swimmingpool und hat schöne blonde Haare. Eine andere ist sehr sportlich und tierlieb. Die dritte will Krimi-Autorin werden, kennt sich mit Technik super aus und hat einen tollen Freund – vermutlich nicht so einen wie von den «Drei ???». Die «Drei !!!» beginnen jeden Fall mit dem Schlachtruf : «1,2,3 Power!» Es gibt für mich keinen Zweifel: Sie würden die «Drei ???» einfach plattmachen.

Juli interessiert sich auch für «Bibi und Tina». Bibi ist die Hexe Bibi Blocksberg, Tina ist ein echtes Pferdemädchen. Die beiden müssen alle möglichen Abenteuer bestehen. Oft geht es um Schicksale von Problempferden, häufiger gibt es auch einen Verbrechenskomplott. Meist spielt die Handlung auf dem Martinshof, einem Ferienreiterhof. Dort gibt es auch nette Jungs. Aber letztlich sind Bibi und Tina beim Lösen ihrer Probleme kaum auf männliche Hilfe angewiesen. Wenn es hart kommt, dann kann Bibi ja immer noch zaubern. Ich vermute, die beiden würden eher die «Drei !!!» zu Hilfe rufen, als darauf zu hoffen, dass ein Typ ihnen aus der Patsche hilft.

Eine weitere Serie, die Juli gerne guckt, ist «Miraculous» auf Netflix. Die Heldin heißt Marinette und kann sich bei Bedarf in eine Mischung aus Superwoman und Marienkäfer verwandeln. Ihr Gegenspieler ist der männliche Motten-Bösewicht Hawk Moth. Er sieht ein bisschen aus wie ich. Unnötig zu erwähnen, dass Hawk Moth immer auf ganzer Strecke versagt, sosehr er sich auch bemüht. Manchmal tut er mir etwas leid.

Kurz: Juli kommt einfach mit keinem männlichen Heldenvorbild in Berührung. In ihrer Vorstellungswelt geschieht es nicht, dass Männer Dinge geregelt bekommen.

Manchmal guckt sie immerhin auch mal eine Sendung, in der auch nicht-weibliche Vorbilder auftauchen. «PAW-Patrol» zum Beispiel. Ich glaube, darin übernehmen Welpen die Rolle von Polizisten und Feuerwehrmännern. Sie sind sehr niedlich.

Neulich streichelte mich Juli unvermittelt über den Kopf: «Du bist so ein kleiner süßer Papa!»

Na ja, wenn sie mich in zwanzig Jahren immer noch niedlich findet, dann ist diese Rolle für mich auch in Ordnung.

«Der Ekel ist geblieben»

Neulich fuhr ich mit der U-Bahn und starrte in mein Handy. Die Bahn war voll, man stand dicht gedrängt. Eine unangenehme Situation. Ich schaute auf und blickte direkt in das Gesicht einer jungen Frau. Sie blickte zurück, irgendwie erschrocken. Es kam mir seltsam vor, daher überlegte ich, ob ich sie kennen müsse. Ich habe ein furchtbares Personengedächtnis.

Bei der nächsten Station stieg ich aus. Ich war nicht weit gekommen, als ich eine Stimme hinter mir hörte: «Entschuldigen Sie!»

Ich drehte mich um, es war die Frau.

«Haben Sie eben ein Foto von mir gemacht?»

Ich verstand zuerst gar nicht, was sie wollte.

«Sie haben doch gerade ein Foto von mir gemacht!»

Ich war verwirrt und auch verärgert. Ich holte mein Handy raus und zeigte ihr die Fotos, die darauf waren: Bilder von der Familie, fotografierte Notizen. Kein Bild von ihr. Die Frau ließ von mir ab.

Wie mochte die Szene wohl von außen gewirkt haben?

Später erzählte ich Luna, dass ich fälschlicherweise als U-Bahn-Stalker beschuldigt worden war.

«Ich kann die Frau verstehen», sagte Luna. «Mir ist heute so was Ähnliches passiert. Ich war in der S-Bahn, und jemand grinste mich mehrere Minuten lang auffordernd an. Dann hob er sein Handy, als ob er mich fotografieren wollte.» Luna sagt, sie habe sich schnell weggesetzt. «Aber der Ekel ist geblieben.»

Mit «Ekel» meinte sie das Gefühl, einem widerlichen Menschen ausgeliefert zu sein. Denn der andere gewinnt ja in jedem Fall: Ignoriert man ihn, macht er seelenruhig Bilder von einem, die er anschließend seinen Kumpels zeigt. Reagiert man aber auf ihn, egal wie, dann bestätigt man ihn in dem Gefühl, Macht über einen zu haben.

Luna sagte, es sei traurig, dass es noch immer Typen gebe, die glaubten, wenn sie eine attraktive Frau sähen, hätten sie ein Anrecht auf sie. Als sei sie ihnen etwas schuldig oder selbst dafür verantwortlich, z.B. indem sie sich hübsch mache. «Wenn ich so etwas erlebe, dann wird mir bewusst, wie eingeschränkt Frauen immer noch sind.» Manche zögen daraus den Schluss, sich eher unauffällig zu kleiden, bloß um für solche Männer kein lohnendes Fotomotiv abzugeben.

Von jemandem gegen dessen Willen Bilder zu machen, ist ohne Zweifel ein Akt der Gewalt. Heutzutage läuft jeder mit einem Handy mit Kamera herum und hat somit ein Instrument in der Hand, andere zu demütigen oder in Bedrängnis zu bringen. Mit einem Smartphone lässt sich mühelos in die Privatsphäre anderer Menschen eindringen. Man kann es bequem aus jeder Distanz tun.

Wir meinen, dass die Welt, in der wir leben, aufgeklärter ist als früher. Dass sie jungen Frauen mehr Bewegungsspielräume bietet. Aber gleichzeitig hat der Sexismus technisch aufgerüstet. Heute folgen einer Frau nicht mehr nur Blicke, heute folgen ihr Kameralinsen.

Luna sagte: «Ich weiß nicht, was man in so einer Situation tun kann, weil man ja niemanden zwingen kann, einem seine Fotos auf dem Handy zu zeigen.»

Ich vermute, das Beste ist, die betreffende Person laut darauf anzusprechen und sie aufzufordern, die Bilder unverzüglich zu löschen. Die Demütigung und Bedrängung also gewissermaßen umzukehren. In diesem Sinne hat die junge Frau in der U-Bahn genau das Richtige getan. Es muss eine große Überwindung für sie gewesen sein. Ich hoffe, sie hat diesen Mut auch noch, wenn es mal den Richtigen trifft.

«CHILL, PAPA, ICH TELEFONIER DOCH NUR!»

Von den jungen Menschen behauptet man oft, sie würden nicht mehr telefonieren, sondern nur per WhatsApp chatten. Das kann ich nicht bestätigen. Greta zum Beispiel telefoniert die ganze Zeit. Es ist aber kein Telefonieren, wie ich es kenne. Wenn Greta telefoniert, dann hält sie sich das Handy nicht ans Ohr, sondern legt es in Freisprechfunktion irgendwo ab und kommuniziert lauthals mit ihrem Gesprächspartner. Die Freisprechfunktion ist dabei auf volle Leistung gestellt, deswegen hört man ganz gut, worum sich die Unterhaltung dreht.

Greta ruft irgendetwas aus der anderen Ecke des Raums in Richtung ihres Smartphones, und aus dem Smartphone quäkt es zurück. Es geht um Mitschüler, Musik, Lehrer, Shopping, Filme, Essen, Serien. Alles, worüber man eben so spricht. Es ist eine sehr transparente Kommunikation, ungefähr so, als ob der Gesprächspartner im Zimmer wäre.

Wenn Gretas Geschwister zufällig gerade auch telefonieren, sind noch mehr Stimmen zu hören. Dann ist der Raum voller Konversation, wie in einer Bahnhofshalle. Manchmal, eigentlich ziemlich oft, ist mir das zu viel, und ich brülle in das Geplapper hinein, dass nun endlich mal Ruhe sein soll, verdammt. Dann schaut mich Greta entgeistert an und sagt: «Chill, Papa, ich telefonier doch nur!»

Als ich jung war, war das eine komplett andere Angelegenheit. Meine Eltern hatten ein im Hausflur installiertes Telefon. Man konnte dort kein Gespräch führen, ohne nicht von sämtlichen Familienmitgliedern gehört zu werden. Und spätestens nach fünf Minuten stand der Vater neben einem und zeigte auf die Uhr, denn Telefonieren war teuer. Manche Familien hatten ein Telefon mit einer langen Schnur, sodass man es durch die Wohnung ins eigene Zimmer tragen konnte. Ich aber musste für echte Privatgespräche zur nächsten Telefonzelle gehen. Sie war einen guten Kilometer weit weg. War man endlich dort angekommen, brauchte man entsprechend viele 10-Pfennig-Stücke und etwas Glück, dass niemand an die Tür klopfte, weil er auch telefonieren wollte.

Wir taten damals alles, damit unsere Eltern nicht mitbekamen, was wir so beredeten. Vielleicht hatten sie deshalb so großes Misstrauen gegen uns.

Das kann man bei meinen Töchtern nun wirklich nicht behaupten. Wer in der Klasse gerade in wen verknallt ist, welcher Lehrer es wirklich überhaupt nicht checkt: Ich darf das alles wissen – besser gesagt, es gibt gar keine Chance, es nicht mitzubekommen.

Greta ist außerdem ein Meister des *liquid knowledge*: Alles, was man gerade nicht weiß, kann man schnell erfahren, indem man jemand anderen fragt. Welche Matheaufgaben man zum Beispiel aufhat. Oder was in der Klausur drankommt. Was sich wer für seine Geburtstagsparty wünschen könnte oder was ein gutes Rezept für Pfannkuchen ist. Dieses Wissen ist ständig verfügbar, weil man immer jemanden ansprechen kann und weil niemand mal seine Ruhe haben möchte. Außer mir.

Die Kinder kennen auch keine Ruhezeiten, sie rufen einander noch im Bett an. Meine Frau und ich haben die Sprechzeiten der Töchter deshalb beschränkt: Abends darf das Handy nicht mit ins Kinderzimmer, sondern muss zum Aufladen im Wohnzimmer liegen. Wenn es um 22 Uhr immer noch nicht aufhört zu klingeln, gehe ich manchmal selbst ran. Dann fragen die Freundinnen höflich, ob Greta noch wach sei. Ich frage dann erst einmal zurück, was das Begehr sei. Wenn es um Pfannkuchenrezepte gehe, könne ich ja vielleicht helfen.

«Ich will eine L.O.L.-Puppe»

Ich möchte etwas über die Liebe unserer Tochter Juli zu bestimmten Puppen erzählen. Aber zunächst eine Frage: Kennt noch jemand den Horrorfilm-Klassiker *Die Körperfresser kommen* von 1978? Der geht so: Außerirdische unterwerfen die Welt, indem sie sich menschlicher Körper bemächtigen. In einer Schlüsselszene stellt jemand eine seltsame Knospe in einem Wasserglas auf seinen Nachttisch und schläft ein, nicht ahnend, dass in der Blüte ein Alien-Organismus steckt, der über Nacht seinen Körper fressen wird. Ein unheimlicher Film.

Juli also sagte mir eines Tages: «Ich möchte eine L.O.L.-Puppe.» L.O.L. ist ein Ausdruck, der auf WhatsApp bekannt geworden ist. Es bedeutet «Laughing Out Loud» – laut auflachen. Mittlerweile ist der Ausdruck aus dem Netz in den Sprachgebrauch übergegangen. Meine Töchter sagen ständig «Lol», wenn sie eigentlich lachen sollten. Warum L.O.L. auch der Name einer Puppe ist – keine Ahnung. Juli ist aber auch ganz egal, was L.O.L. eigentlich heißt. Für sie ist das eine Puppe.

Ich wusste zuerst nicht, was eine L.O.L.-Puppe ist, Juli aber schon: «Eine L.O.L. kann alles, die kann Wasser trinken, und die kann ihre Farbe ändern, und sie hat ganz tolle Haare.»

Ich dachte, dass Juli bald aufhören würde, von der Puppe zu sprechen. Sie hatte sich ja schon einen Hund und ein Pferd gewünscht und sich auch damit abgefunden, dass sie die nicht bekommen hatte. Aber Juli hörte nicht auf, von «der L.O.L.» zu sprechen. In ihrer Klasse hätten alle Mädchen L.O.L.-Puppen. Ich informierte mich also im Internet und sah, dass L.O.L.-Puppen eigentlich «L.O.L. Surprise Dolls» heißen und seit einiger Zeit das große Ding bei kleinen Mädchen sind. Es gibt sie mit extra langen Haaren, große Puppen, kleine Puppen, manche können sogar die Hautfarbe wechseln. Es gibt auch ein L.O.L.-Puppenhaus.

Meine Frau und ich einigten uns darauf, dass wir Juli eine L.O.L. zu Nikolaus schenken würden, statt Schokolade. Ich war sehr überrascht, dass diese Puppen in großen Plastikkugeln überreicht werden, die mit Folie verschweißt sind. Und allerlei Zubehör dabeihaben, wiederum in Folie verpackt. Alle Folien sind sehr, sehr rosa. Für Eltern, die sich aufgeklärt wähnen, ist das schwer erträglich. Die Puppe an sich ist allerdings erstaunlich: ein Kopf, breit wie ein Kürbis, mit Augen, groß wie Spiegeleier. Der Mund, winzig klein, liegt zwischen den Augen. Der Körper darunter erinnert an einen Wurmfortsatz.

Ich habe gelesen, dass Eltern in den USA protestiert haben, weil die männlichen L.O.L.-Puppen Penisse haben. Der Hersteller verteidigte sich, die Puppen seien eben «anatomisch korrekt». Ich muss sagen, dass dies wohl der einzige anatomisch korrekte Körperteil ist. Eigentlich sieht diese Puppe gar nicht menschlich aus. Eher wie ein Alien.

Trotzdem beherrscht sie mittlerweile unseren Alltag. Die L.O.L. ist überall dabei und wird ständig umsorgt. Manchmal weint Juli, weil ein winziger Plastikschuh, fingernagelgroß, der bei der L.O.L. mitgeliefert wurde, verlorengegangen ist. Dann hat die L.O.L. gar keine Schuhe mehr, und die ganze Familie sucht mit einer Eile, wie man sonst nur die Schuhe sucht, die Juli, kurz bevor sie zur Schule muss, nicht finden kann.

Zwei Wochen später hatte Juli eine weitere L.O.L., sie hat sie von ihren Geschwistern geschenkt bekommen, dann kam noch eine hinzu, ich weiß nicht, von wem oder woher. Anschließend drei L.O.L.-Minipuppen. Vielleicht haben die Großen ja Babys bekommen?

Wenn wir am Tisch sitzen und essen, dann sind die L.O.L.s mit dabei. Jeden Abend müssen erst die L.O.L.s ins Bett gebracht werden, bevor Juli schlafen geht. Jede einzeln. Manchmal kann Juli schlecht einschlafen und kriecht ins Bett der Eltern. Dann kommen die L.O.L.s mit. Juli baut sie neben unserem Bett auf.

Vielleicht sind sie ja doch Aliens, denke ich dann. Und die L.O.L.s starren mich mit großen Augen vom Nachttisch aus an und warten, bis ich einschlafe. Zum letzten Mal. Und dann werden die Puppen laut auflachen.

«DU KÖNNTEST MAL FRÜHER AUFSTEHEN»

Luna hat mir kürzlich ein YouTube-Video gezeigt, das ganz gut veranschaulicht, wie sie gerne ihren Tag beginnen würde. In dem Filmchen ging es um die Morgenroutine einer Gesundheits-Influencerin. Sie steht um sechs Uhr auf, macht eine Kerze an, trinkt einen halben Liter warmes Wasser und meditiert dann erst mal eine Viertelstunde, während das Morgenlicht in ihr Wohnzimmer fällt. Zum Meditieren entzündet sie ein kleines Bündel von Duftkräutern, die sie in ihrem eigenen Garten gezogen hat. Sie schwenkt die kokelnden Kräuter, damit sich die Luft mit Aromen anreichern kann. Dann macht sie Yoga. Sie streckt und biegt ihren Körper in alle Richtungen und ist anschließend ideal präpariert für einen Tag, der – wenn er so beginnt – nur sehr erfolgreich werden kann.

«Wenn man das ansieht, würde man es gerne ganz genauso machen, aber dazu fehlt mir irgendwie die Energie», sagte Luna.

Das verstehe ich gut. Als ich in Lunas Alter war, also zwanzig, gab es das Wort «Morgenroutine» noch gar nicht. Mein Tag begann so, dass ich aufwachte – eine halbe Stunde, nachdem der Wecker geklingelt hatte. Dann starrte ich lange an die Decke. Anschließend versuchte ich, mit so wenigen Bewegungen wie möglich in die Nähe einer Tasse Kaffee zu kommen. Ich hätte mir eher eine Zigarette angezündet als ein Bündel Kräuter. Aber ich musste ohnehin sehr schnell los, weil ich für alle Termine schon jetzt viel zu spät dran war. Der Morgen war für mich die Sphäre des Kopfwehs und der Muffgerüche.

Derweil lief das Video weiter, die Influencerin gestand, manchmal am Wochenende sei sie sehr, sehr faul, da stehe sie leider erst ganz spät auf, so um acht. In diesem Moment musste ich prusten: «Acht Uhr! Ich bin früher am Wochenende gar nicht aufgestanden!»

Luna sagte dazu nichts, aber ich konnte an ihrem Blick sehen, dass sie meine Aussage absurder fand als die der Influencerin.

Mich beschlich das Gefühl, innerhalb von Sekunden steinalt geworden zu sein. Ich erzählte offenbar von einem anderen Jahrhundert. In dem es für junge Menschen irgendwie angesagt war, die ganze Woche über an der eigenen körperlichen Selbstzerstörung zu arbeiten. In der die Nacht alles galt und der Morgen nichts.

Für Luna kann das nicht nach einer coolen Welt klingen, sondern nach einer bescheuerten Einstellung, bei der man das Wertvollste zerstört, das man sein ganzes Leben lang behalten wird: den eigenen Körper.

Dabei sieht Lunas Morgen in der Regel gar nicht so anders aus als meiner, als ich noch jung war. Meistens schafft sie es nicht, rechtzeitig aufzustehen, um Yoga oder Meditation oder sonst etwas Vernünftiges zu praktizieren. Der Unterschied ist aber, dass all diese YouTube-Videos ihr zeigen, es wäre besser, es anders zu machen, nämlich den Tag bewusst zu beginnen, mit Morgenritualen. Sie hat also einen Zustand vor Augen, den es wert ist anzustreben. Das hatte ich damals nicht. Ich wusste noch nicht mal, was Meditation bedeutet.

«Manchmal sehe ich diese perfekten Menschen und habe gleich das Gefühl, das Leben nicht im Griff zu haben», gestand Luna. «Aber gleichzeitig motivieren mich solche Filmchen, wenigstens ein bisschen davon umzusetzen, weil sie einem eine Vorstellung davon geben, wie man gerne wäre.»

Ich nickte stumm.

«Du könntest ja auch mal versuchen, früher aufzustehen», schloss Luna.

Da hatte sie natürlich recht. Einerseits. Aber wenn man schon mal Kinder großgezogen hat, dann hat man ehrlich gesagt für den Rest seines Lebens genügend Morgenroutinen gehabt. Und man ist dankbar für jede Minute, die man länger untätig im Bett bleiben kann.

«Hi Paps wmds? BB L»

Wie bereits erwähnt, tobt bei uns zu Hause ein täglicher Kulturkampf um die Bildschirmzeit. Meine Frau und ich mahnen, wir appellieren, wir regulieren, wir nehmen das Smartphone aus der Hand. Dabei geht es eigentlich nur um eine bestimmte App: WhatsApp.

Meine Tochter hängt die ganze Zeit in irgendwelchen Chats rum und albert mit ihren Mitschülern. Sie tauscht Sprachnachrichten aus, sie besorgt sich ihre Hausaufgaben über WhatsApp, vielleicht macht sie ihre Hausaufgaben *bei* WhatsApp, wer weiß. Wenn ich etwas mit Lotta besprechen möchte, dann schreibe ich ihr auf WhatsApp, das ist allemal erfolgversprechender, als sie direkt in ihrem Zimmer aufzusuchen. Leider mache ich mich dabei komplett lächerlich. Denn ich kann angeblich nicht schreiben.

Ich selbst würde allerdings schon von mir behaupten, dass ich schreiben kann. Immerhin verdiene ich mein Geld mit Schreiben. Aber in Lottas Augen drücke ich mich aus wie ein Stümper.

In meiner Welt schreibt man ausführlich, mit Anrede und Verabschiedung, mit «Liebe» und «Liebe Grüße» und so. Lotta empfindet das aber nicht als höflich, sondern als komplett bekloppt. Als würde ich versuchen, eine Briefmarke auf das Handydisplay zu kleben, damit die Nachricht gesendet wird. Denn wenn Lotta mir eine WhatsApp-Nachricht schickt, dann liest sich das eher so: «hi paps wmds? bb l» Das kann man übersetzen mit: «Hallo, Papa, was machst du so? Bye-bye! Lotta.»

Wenn ich Lottas Botschaften lese, packt mich manchmal der bürgerliche Groll. Schließlich ist es ja nicht so, dass der Speicherplatz auf so einem Smartphone allzu begrenzt wäre und man deswegen irgendwie mit den Buchstaben haushalten müsste. Ich denke, es ist einfach Faulheit und Zeitersparnis. Statt sich zum Beispiel die Mühe zu machen, sich bei jemandem ausführlich zu bedanken, etwas mit Bedacht zu formulieren und die richtige Grammatik zu nutzen, schreibt man einfach: thx. Und damit soll alles gesagt sein! Das könnte ich noch schulterzuckend hinnehmen, weil die Jugend eben immer mehr verroht. Aber Lotta macht sich ja noch dazu lustig über mich! Sie tut so, als sei ich es, der hier ein Defizit hat. Weil ich eben so schreibe wie jemand, der in den siebziger Jahren geboren ist.

Aber ich bin ja lernfähig, niemand, der nicht in der Lage wäre, mit der Zeit zu gehen. Ich bin bereit, alle Sprachkunst zur Hölle zu schicken, wenn es um Modernität geht. Ich habe mir von Lotta mal ein paar der Kürzeln erklären lassen. Es ist nicht unkompliziert, denn ein einziger falscher Buchstabe macht hier viel aus. «hdgdl» heißt etwa «Hab dich ganz doll lieb». «hdm» hingegen steht für «Halt dein Maul!». Es geht auch um Fremdsprachliches, das man erst einmal erkennen muss: «ilyttmabam» ist die

Abkürzung für *«I love you to the moon and back and more»*. Das finde ich dann doch sehr beeindruckend. Ich hätte nicht gedacht, dass man mit so wenigen Buchstaben so viel aussagen kann.

Und ich muss zugeben, dass das Vokabular wirklich ausgeklügelt ist. Vielleicht ist es ja auch nichts anderes als die Jugendsprache der Display-Welt. Codes, die eben jene nicht nutzen können, die nicht informiert genug sind, weil sie Eltern sind. Die nicht verstehen können, dass ein Buchstabe mehr sagen kann als tausend Worte.

Aber versuchen kann man es ja. Ich schrieb Lotta «hddza?» und erhielt «?» als Antwort. «Hast du dein Zimmer aufgeräumt?», präzisierte ich. Die Antwort lautete so: «kb.»

«Ich glaub, da lagen wir in der Schule daneben»

Manchmal erlebe ich bei meinen Töchtern eine gewisse Bildungsscheu. Bildung scheint für sie etwas zu sein, was für mich als Kind Lebertran war: ekliges Zeug, das man kaum schlucken wollte, von dem aber meine Oma überzeugt war, dass es unglaublich gesund ist.

Ähnliche Reaktionen ernte ich, wenn ich meine Kinder zu einem Museumsbesuch animieren möchte. Dabei kann es durchaus sein, dass sie sich gerade sogar tödlich langweilen. Aber wenn ich ihnen erkläre, dass dies doch ein guter Moment sei, um vielleicht mal eine tolle Ausstellung anzuschauen, bekommen die Mädchen fast allergische Reaktionen. Als sei das Betrachten von Kunst schlimmer als das Betrachten der Zimmerdecke. Ich habe den Eindruck, dass alles, was nicht auf einen Smartphone-Bildschirm passt oder anhand irgendeines 3-D-Filters mit einer virtuellen Hundenase versehen und gepostet werden kann, als unzumutbar gilt.

Neulich allerdings verbrachte ich mit Greta ein Wochenende in London. Bei der Gelegenheit waren wir auch im British Museum. In London fand Greta es völlig okay, ins Museum zu gehen. Wir besuchten eine Edvard-

Munch-Ausstellung, bei der es eine Version des Bildes *Der Schrei* zu sehen gab.

«Das müssen wir nicht angucken, das habe ich schon in der Schule durchgenommen», sagte Greta als Erstes.

Ich fand, dass das doch gerade ein Grund sei, das Bild anzugucken, und schleppte sie zu dem Gemälde.

«Papa, wir mussten das interpretieren!», erwiderte Greta. Als ob das nun erst recht dagegen sprach.

Sie wusste dann aber gar nicht mehr genau, was die Interpretation des Bildes gewesen war. Sie meinte, im Hintergrund seien Schiffe zu sehen und ein roter Himmel wie bei Morgenröte, das Ganze spreche für Hoffnung oder so.

Ich wollte gerade ansetzen und ihre verschwommenen Erinnerungen ordnen. Aber ich hielt mich zurück.

In der Ausstellung war auch ein Selbstporträt von Munch zu sehen, eine Zeichnung: er als kleiner Junge vor dem Leichnam seiner gerade verstorbenen Mutter. Sein Gesicht mit einem entsetzten Ausdruck, ähnlich dem der Figur bei *Der Schrei*. Greta stand lange davor.

Danach betrachtete sie ein Bild von Munchs tuberkulosekranker Schwester auf ihrem Sterbebett. Greta wollte wissen, was Tuberkulose ist und warum man daran stirbt. Später stand sie noch einmal lange vor *Der Schrei*, nun den Menschen Edvard Munch im Kopf, der im Leben gelernt hatte, dass jederzeit ein Unglück auf einen einstürzen kann, das einem den Boden unter den Füßen wegzieht. Das fand Greta tief beeindruckend.

«Ich glaub, da lagen wir in der Schule mit unserer Interpretation ziemlich daneben», sagte sie, als wir zurück ins

Hotel schlenderten. Sie habe ja gar nicht gewusst, welche Geschichten hinter solchen Bildern steckten.

Manchmal frage ich mich, ob man Kindern den Zugang zu Kunst nicht am besten ermöglicht, indem man sie ganz frei betrachten lässt, nur das im Hinterkopf, was sie im Leben am meisten interessiert und bewegt. Bei Greta sind das schlimme Schicksale und Krankheiten. Als sie sich auf eigene Faust durch die Ausstellung treiben ließ, sprachen die Bilder von ganz allein zu ihr, und sie erlebte die Malerei viel intensiver, als wenn ich sie ihr hätte näherbringen wollen.

Meine Hoffnung, aus Greta eine angehende Kunsthistorikerin gemacht zu haben, hat sich übrigens nicht erfüllt. Wieder in Berlin, quittierte sie meinen Vorschlag, die interessante Emil-Nolde-Ausstellung zu besuchen, mit dem gleichen Unverständnis wie immer.

Vermutlich lag es einfach nur daran, dass es London war.

«Du weißt halt nicht, was cool ist»

Lotta trägt seit neuestem eine schwarze Lederjacke. Ich weiß gar nicht genau, woher sie diese Lederjacke hat. Ich glaube, sie ist ein Geschenk ihrer Oma. Es ist nicht irgendein Kleidungsstück für Lotta. Sie verbindet etwas Besonderes damit, denn sie trägt die Jacke bei jeder Gelegenheit. Sie trägt sie sogar zu Hause. Lotta findet, dass die Jacke ihr auf geniale Weise steht. Sie sagt, ich solle doch auch mal eine Lederjacke tragen. Das würde mich ein wenig cooler machen. Ich weiß nicht recht.

Lotta zieht zu ihrer schwarzen Jacke gern enge schwarze Jeans und dicke Boots an. Insgesamt sehe ich bei ihr eine gewisse Verdunklungsgefahr. Es ist noch nicht lange her, da konnte ich ihr geblümte Kleidchen schenken. Das wäre jetzt nicht mehr möglich, fürchte ich. Ich meine, Lotta hat ihren Look aus dem Fernsehen. Sie guckt nämlich seit einiger Zeit die Serie «The Vampire Diaries». Da trägt der Hauptdarsteller, ein Vampir, auch immer eine schwarze Lederjacke. In dieser Serie ist das Beste, was einer Figur passieren kann, dass sie nachts nicht von den dunklen Mächten ausgesaugt wird.

Ich habe überlegt, ob ich mir meine Looks früher auch

von meinen Lieblingsserien abgeguckt habe. Als Junge habe ich immer «Magnum» mit Tom Selleck geguckt. Demnach hätte ich mit offenem Hawaii-Hemd und Oberlippenbart herumlaufen müssen. Hab ich aber nicht.

Lotta schreibt auch Geschichten. Ich finde, sie schreibt überhaupt nicht schlecht. Allerdings sind es keine lustigen Geschichten. Neulich las sie mir ein Stück über Freundschaft vor. Es handelt davon, dass ein Mädchen zu ihrer Freundin eilt, irgendein bedeutendes Ereignis steht bevor. Im Verlauf der Geschichte erfährt man, dass die Freundin im Krankenhaus liegt. Am Krankenbett unterhalten sich die Freundinnen. Sie erinnern sich, wie sie gemeinsam den Hund des Nachbarn ausgeführt und damit auf dem Spielplatz vor anderen Kindern angegeben haben. Ein Geplänkel unter Freundinnen. Aber dann wird klar, dass die Freundin in diesem Krankenhaus im Sterben liegt. Das lustige Gespräch mit der besten Freundin sind ihre letzten Worte.

Wenn man Kinder hat, dann versucht man von allem, was sie tun und äußern, auf ihren seelischen Zustand zu schließen. «Papa, eine traurige Geschichte ist doch einfach viel interessanter als eine lustige, oder?», sagt Lotta. Und: «Ich finde das total schön, wenn Leute eine Geschichte lesen und ihnen die Tränen kommen.»

Alle Eltern wollen, dass aus ihren Kindern später einmal unabhängige, starke Persönlichkeiten werden. Aber wenn es dann tatsächlich so weit ist, bekommt man so ein unsicheres Gefühl, wie die armen Menschen in Lottas Lieblingsserie, kurz bevor irgendein Untoter seine Zähne in ihren Hals schlägt.

Dabei hat Lotta ja recht: Das Tragische ist meist ergreifender als das Fröhliche. Aber für meinen Geschmack hätten wir gerne noch eine ganze Weile unbeschwert gemeinsam durch die Gegend hüpfen können.

Manchmal muss ich Lotta nun regelrecht ermahnen, ihre Vampire-Diaries-Vampir-Lederjacke auszuziehen. Ich muss sie zum Beispiel daran erinnern, dass man beim gemeinsamen Abendessen keine Jacke trägt. «Du weißt halt nicht, was cool ist», sagt Lotta dann.

Ich weiß immerhin, dass ich es auch mal cool fand, mit Jacke in Innenräumen herumzulaufen. Besonders, wenn man auf Partys eingeladen war. Man stand in Jacke und mit einer Bierdose in der Hand herum, und das sollte heißen: Ich bin gerade mal so spontan von der Straße reingeschneit und weiß noch nicht, ob es mir hier gefällt. Sobald mir die Party zu uncool oder zu langweilig wird, bin ich raus.

Ich hoffe, bei Lotta ist es noch lange nicht so weit.

«Hast du nicht gemerkt, wie toll die Musik war?»

Wie kann man seinen Kindern Kultur schmackhaft machen? Wenn ich meine Töchter frage, was wir gemeinsam unternehmen können, dann wollen sie immer ins Kino gehen. Für Museumsbesuche sind sie wie gesagt nur schwer zu begeistern, auch klassische Konzerte sind nicht leicht zu vermitteln. Ich höre manchmal, dass man einfach irgendwann damit anfangen soll, Kinder zu Kulturveranstaltungen mitzuschleppen, auch wenn sie es selbst nicht unbedingt wünschen. Es sei wichtig, dass sie die Leidenschaft der Eltern für Kunst spürten.

Leider bin ich mir nicht sicher, wie groß meine Leidenschaft für Kunst eigentlich ist. Man soll ja Kunst genießen und sie förmlich in sich aufsaugen. Oft muss ich aber erst allerlei Beipackzettel lesen, um zu verstehen, worum es bei einem Kunstwerk geht. Und wenn man seinen Vater dabei beobachten muss, wie er mit der Kultur ringt, bis sich endlich ein Genuss einstellt: Macht es das den Kindern schmackhaft?

Mit meiner Tochter Luna gehe ich immerhin regelmäßig ins Theater. Meist wählen wir ein Stück eher zufällig aus, zum Beispiel danach, ob der Titel interessant klingt.

Manchmal landen wir dabei in Inszenierungen, von denen ich gar nicht wusste, dass sie mehr als drei Stunden dauern. Wir waren zum Beispiel in «Berlin Alexanderplatz» von Alfred Döblin. Ich glaube, ich hatte das Buch damals im Deutschunterricht gelesen, die Lektüre war also schon über 25 Jahre her. Offenbar hatte ich es auch nicht aufmerksam genug gelesen, denn die Handlung auf der Bühne erschloss sich mir nur mühsam. Für mich war es eine Aneinanderreihung von unzusammenhängenden Szenen, gespickt mit Videoeinblendungen von Kamerafahrten, auf die ich mir nur schwer einen Reim machen konnte. Ich sagte mir, dass man ja trotzdem etwas dabei lernt. Etwa, dass man mal an etwas dranbleiben muss, auch wenn einem der Sinn des Ganzen nicht gleich einleuchtet.

Bei der Theateraufführung war ich dann aber ganz erstaunt, als Luna in der Pause sagte: «Also, ich finde es toll.»

Luna ist mit einem Nebeneinander vieler Medien aufgewachsen, sie mag Rap genauso wie Poesie, sie liest Bukowski und hört zum Einschlafen Hörbücher. Für sie ist YouTube genauso selbstverständlich wie das Lesen von Romanen. Sie hat viel mehr Medien gleichzeitig konsumiert, als ich das tue. Vielleicht hat sie deswegen auch ein anderes kulturelles Empfinden.

«Hast du nicht gemerkt, wie toll die Musik war? Und die Kostüme?», sagte sie, als wir auf dem Nachhauseweg über das Stück sprachen.

Nein, ich hatte es tatsächlich nicht bemerkt. Und so kommt es, dass ich derjenige bin, dem das Theater nähergebracht wird, nicht Luna.

Einmal allerdings waren wir in einem Stück, das uns beide gleichermaßen überforderte. Es war eine Collage zweier literarischer Texte. Es gab keine Handlung, keine Rollen, Stunde um Stunde malten die Schauspieler Gebilde auf eine große Leinwand und rezitierten Textbrocken. Wir blieben eisern dabei und spendeten Applaus. Danach waren Luna und ich uns einig, dass dies eine wirklich nervenaufreibende Erfahrung gewesen war. Wir hatten es gemeinsam durchgestanden, immerhin.

Am nächsten Tag schrieb mir ein befreundeter Schauspieler eine E-Mail. Er sei auch in der Inszenierung gewesen und habe uns im Publikum gesehen. Er finde es toll, dass ich meiner Tochter das beste Stück des Jahres gezeigt habe. Nur so könne man den jungen Menschen heutzutage Kultur näherbringen.

«Muss ich das wissen?»

Neulich wollte ich mit meiner Tochter über den Brexit diskutieren. Aber Lotta hatte zum Brexit keine Meinung. Ich fand das unangemessen. Man hört ja immer wieder, dass die ältere Generation der jüngeren die Zukunft versaut. In diesem Fall ist es meine Generation, die die EU an den Rand ihrer Existenz bringt, und Lotta gehört zu der Generation, die dann künftig nicht zum Studieren nach London gehen kann.

Aber Lotta blieb locker und zuckte nur mit den Schultern. «Muss ich das wissen?», fragte sie und fügte gleich hinzu: «Keine Angst, Papa. Das Desinteresse ist nur eine Phase.»

Ich kann nicht sagen, dass Lotta ein wenig interessierter Mensch ist. Sie hat durchaus das Talent, sich tief in einen Sachverhalt einzuarbeiten. Es sind aber eben oft nicht die Sachverhalte, die ich selbst für relevant halte. Zum Beispiel ist sie Expertin, was die Netflix-Serie «Dark» betrifft. Die Serie handelt von Menschen in einer Kleinstadt, die durch die Zeit reisen und sich auf den verschiedenen Zeitebenen gegenseitig ermorden, sich gegeneinander verschwören, sich ineinander verlieben, miteinander

Kinder zeugen. Durch ein ganzes Jahrhundert hindurch. Man muss sich schon als Gerontologe betätigen, um dort durchzusteigen. Oder Lotta sein.

Ich wollte mit Lotta auch über das Klima diskutieren. Lotta sagte, dass man Plastiktüten vermeiden solle, um das Klima zu schonen. Da wurde ich fast ärgerlich.

«Die Plastiktüten sind doch ein Problem für die Meerestiere, nicht für das Klima! Wie kommst du darauf?»

Jetzt wurde auch Lotta sauer: «Plastik ist ja wohl schlecht für das Klima!»

Damit war die Diskussion auch schon beendet.

Was tue ich denn eigentlich für die Allgemeinbildung meiner Kinder?, fragte ich mich selbstkritisch. Meine Eltern etwa guckten jeden Abend gemeinsam mit uns die «Tagesschau». Der Fernseher war der einzige Bildschirm in der Wohnung, da setzte man sich gerne dazu, wenn der mal lief. Ein paar Sachen habe ich damals aufgeschnappt: Helmut Kohl, Ozonloch, Waldsterben.

Heute aber ist der Fernseher nur einer von vielen Bildschirmen in der Wohnung. Und nicht einmal ich gucke noch die «Tagesschau». Wir lesen Tageszeitungen, aber von denen nehmen die Kinder meist nur Notiz, um daraus etwas auszuschneiden.

Aber ich gab nicht auf. Bei einer anderen Gelegenheit versuchte ich erneut, Lotta in ein Gespräch über etwas Grundlegendes zu verwickeln, nämlich die Plattentektonik.

Lotta guckte mich an, als könne sie sich gar nichts Irrelevanteres vorstellen als das. Jugendliche haben eine so unnachahmlich selbstbewusste Art, Desinteresse auszudrücken, dass man sich sofort wie ein Idiot vorkommt, wenn man darauf beharrt, es sei wichtig.

«Papa, das interessiert doch wirklich niemanden.»

«Das sind aber die Grundlagen, auf denen unsere Welt steht.»

«Trotzdem langweilig!»

«Das ist Wissen, das du irgendwann einmal brauchen wirst.»

«Dann finde ich bestimmt bei YouTube was darüber.»

«Und wenn du dann gerade kein Handy dabeihast?»

«Wann hast *du* denn zum letzten Mal kein Handy dabeigehabt?»

Da wusste ich auch nicht weiter.

Bei der Gelegenheit teilte mir Lotta übrigens mit, dass sie sich über den Brexit informiert habe. Sie sei dagegen. Und ich räumte ein, dass sie recht gehabt hatte: Plastikmüll im Meer heizt tatsächlich das Klima auf. Woher sie das denn wusste?

«Ich habe bei YouTube ein Video darüber gesehen», antwortete sie und grinste.

«Ich mag das zum Einschlafen»

Ich habe nichts im Speziellen gegen Rufus Beck. Ich denke, er ist ein guter Schauspieler und überhaupt ein netter Typ. Er hat eine schöne, wandelbare, sonore Stimme. Das weiß ich, weil ich dieser Stimme mehrere Stunden am Tag lauschen muss. Und das ist eben mein Problem mit Rufus Beck. Er hat einen zu großen Platz in meinem Leben.

Rufus Beck kam in meine Welt mit der Hörbuch-Edition von «Harry Potter». Es sind alle sieben Bände im MP3-Format. 137 Stunden. Die Kinder bekamen die Geschichten vor einigen Jahren geschenkt. Seitdem laufen sie in Dauerschleife. Ich kann vom «Stein der Weisen» bis zu den «Heiligtümern des Todes» alles mitgrölen wie ein Groupie auf einem Rolling-Stones-Konzert. Neulich hörte ich zu meiner Überraschung, dass eine gewisse J. K. Rowling als die Autorin dieser Werke gilt. Ich war überzeugt, es sei Rufus Beck.

Wenn Greta morgens aufsteht, macht sie den CD-Player an, und Rufus Beck legt los. Während sie sich die Zähne putzt, erzählt er von Harry Potters Schicksal, im Wandschrank unter der Treppe schlafen zu müssen. Und wenn sie abends ins Bett geht, berichtet Beck von den ersten Besen-Flugstunden des Zaubertalents.

«Ich mag das zum Einschlafen», sagt Greta.

Ich schlafe allerdings auch sehr gerne. Und manchmal liege ich in meinem Bett und höre durch die Zimmerwände das Brummeln von Rufus Beck. Dann stehe ich auf, gehe in Gretas Zimmer, wo sie schon längst schläft, und mache den CD-Player aus. So eine MP3-CD kennt ja kein Ende, Rufus Beck würde weiterreden bis zum nächsten Morgen.

Ich habe mal ein Interview mit Rufus Beck gelesen. «Harry Potter» war sein Hörbuch-Durchbruch. Er erzählte, dass ihm einmal eine Frau gestanden habe: «Mit Ihnen schlafe ich jede Nacht ein.» Ich hingegen könnte ihm sagen: «*Sie* bringe ich jede Nacht zum Schweigen.»

Es gibt offenbar viele Menschen, die noch im Erwachsenenalter Hörspiele zum Einschlafen hören. Sind die Leute heutzutage vielleicht schon so sehr daran gewöhnt, dass ständig etwas in ihrer Umgebung piept, brummt oder quasselt, dass sie Stille selbst im Bett nervös macht?

Auf einer Pädagogik-Website habe ich mal gelesen, man solle Kinder davon abhalten, Hörspiele im Bett zu hören. Im Kinderhirn verankere sich sonst die Erfahrung, dass man immer abschalten könne, wenn jemand spricht. Die Folge sei Unaufmerksamkeit im Unterricht. Ich weiß nicht, ob das so stimmt. Ich habe als Kind nie Hörspiele zum Einschlafen gehört, trotzdem schaltete ich oft im Unterricht sofort ab, wenn der Lehrer anfing, etwas zu erklären. Und außerdem dürfte man Kindern dann ja auch keine Bücher zum Einschlafen vorlesen, oder?

Meine Befürchtung ist eine andere: Dieser Beck hat etwas, das ich nicht habe. Die Stimme ist wohlklingend und klar. Viel tiefer als meine Stimme. Vielleicht braucht Greta täglich ein paar Stunden Ohrenkur mit Schauspieler-Bass, damit sie das hochtönende Gekrächze ihres Vaters besser verkraften kann.

Greta dagegen sagt: «Ich mache einfach gerne mehrere Sachen gleichzeitig. Ich höre CD und bastle, ich höre CD und telefoniere, ich höre CD und schlafe.» Außerdem könne ich ihr ja einfach auch mal eine neue Hörbuch-CD kaufen. Den ganzen Harry-Potter-Kram kenne sie ja schon in- und auswendig.

Gute Idee!

«WAS IST EINE FREUNDSCHAFT WERT, DIE MAN NICHT INTENSIV FÜHRT?»

Neulich hat mich Luna bei einem Treffen versetzt, weil sie eine Freundin im Krankenhaus besuchen wollte. Es war für Luna das Wichtigste, bei ihr zu sein. Ich hatte den Namen der Freundin noch nie zuvor gehört, und Luna kennt sie auch erst seit einem Jahr. Sie behandelt sie aber, als wären sie schon ein Leben lang eng befreundet.

Für Freunde tut Luna alles. Es muss eine angenehme Sache sein, eine Freundin von Luna zu sein. Sie macht viel für andere. Ich rate ihr manchmal, doch erst mal ein bisschen auf Abstand zu bleiben und sich nicht direkt so intensiv auf andere Menschen einzulassen, damit sie nicht traurig ist, wenn am Ende doch nichts draus wird.

«Aber was ist denn eine Freundschaft wert, wenn man sie nicht intensiv führt?», fragt Luna. Wenn sie jemanden kennenlernt, kann sie mir lange von diesem Menschen erzählen. Es ist dann, als ob sie eine neue Welt entdecken würde.

Eigentlich beneide ich Luna um ihre Haltung. Sie weiß ganz genau, was ein Freund ist. Nämlich ein Mensch, dem sie beisteht und der sie durchs Leben begleitet. Leute in meinem Alter wissen das oft nicht mehr so genau. Wir sagen «Freunde» zu Menschen, die wir kaum kennen. Manche reden auch gerne von «echten Freunden», die sie seit vielen Jahren kennen. Aber sie sprechen nicht so gerne darüber, was diese Freundschaften inhaltlich ausmacht. Nur weil ein Freund schon lange da ist, muss man noch lange keinen engen Austausch mit ihm pflegen.

In unserer Welt gibt es eine große Freundschafts-Illusion. Wenn ich auf meine Social-Media-Accounts gucke, wimmelt es da von Freunden. Ich habe auf Facebook Tausende Freunde, und täglich bekomme ich neue Anfragen von Leuten, die angeblich mit mir befreundet sein möchten. Aber es wäre eine gruselige Vorstellung, wenn plötzlich jemand vor der Tür stehen und sagen würde: «Hallo, wir sind auf Facebook befreundet!»

Wir fühlen uns auf der einen Seite unglaublich connected, aber gleichzeitig gibt es nur wenige Menschen, denen wir tatsächlich nahe sind. Denn auf Facebook geben wir nur eine Best-of-Gute-Laune-Version von uns preis. Und etwas anderes würden wir unseren virtuellen Freunden auch gar nicht zumuten wollen. Echte Freunde sind solche, die uns so akzeptieren, wie wir auf Facebook und Instagram nicht sind.

Eigentlich hält mich doch nichts davon ab, Menschen genau so intensiv kennenzulernen, wie meine Tochter das tut. Und es würde mir auch niemand verbieten, neue Freundschaften zu schließen. Oder mich mehr um die Menschen zu kümmern, die ich heute schon meine Freunde nenne. Zu schauen, ob es nicht auch bei ihnen Neues zu entdecken gibt.

Wenn einer von Lunas Freunden in Schwierigkeiten

ist, lässt sie alles stehen und liegen, um schnell da zu sein. Wenn Luna jemanden fragt: «Wie geht es dir?», möchte sie wirklich wissen, wie es der Person geht. Und es gibt keinen Zweifel, kein schlechtes Gefühl, keinen inneren Abgrund, über den sie mit ihren Freunden nicht reden könnte.

Wenn ich hingegen frage: «Wie geht's?», setze ich meistens voraus, dass schon alles in Ordnung ist.

Und was würde ich tun, falls nicht? Wäre ich wirklich eine Hilfe? Ein echter Freund?

Ich erinnere mich an die Nacht, als Luna geboren wurde. Ich verließ damals völlig überwältigt das Krankenhaus. Der Schnee fiel in dicken Flocken, wie bei «Doktor Schiwago». Ich wusste nicht, wohin mit mir, und rief einen Freund an. Keine halbe Stunde später saßen wir in einer Bar, tranken Whiskey, der eigentlich viel zu teuer für uns war, und rauchten dicke Zigarren. Tiefer hatte ich Freundschaft nie empfunden.

Wenn Bekannte von mir heute Kinder bekommen, erfahre ich das meistens durch ein Posting auf Instagram – und setze ein Herzchen darunter. Als wäre ich auch nur ein Facebook-Freund.

Das Harte am Aufziehen von Kindern ist weniger, dass sie sich ständig verändern. Hart ist, dass sie einem immer wieder zeigen, wie man sich selbst verändert hat.

«Die Backen hier das geilste Zeug»

Greta nutzt ihr Handy gerne, um damit YouTube-Videos zu gucken. Ich hätte gedacht, dass sie sich dabei von Musikvideos oder ihren Lieblings-YouTubern beschallen lässt. Aber als ich bemerkte, was sie sich in Wirklichkeit ansieht, war ich doch überrascht. Greta konsumiert Kochvideos. Genauer gesagt: Backvideos.

Ganz besonders gerne schaut sie sich Clips der Sat.1-Sendung «Das große Backen» an. Das ist ein Wettbewerb von Hobbybäckern, die sich über etliche Folgen hinweg einen Shoot-out mit Baiser-Gebäck und Mürbeteig liefern. Am Schluss bekommt der Sieger einen goldenen Cupcake überreicht.

Die erste Frage, die ich mir stellte, war, ob ich in der Erziehung vielleicht was falsch gemacht hatte. Mädchen sollen doch heute eher das Ziel haben, einen Pharmakonzern zu leiten, als ihr Glück hinter dem Herd zu suchen. «Aber Papa, die backen hier das geilste Zeug», sagt Greta. Wir schauen uns gemeinsam ein Video an – und tatsächlich: «Das große Backen» ist Leistungsgesellschaft pur. Die Juroren sind unerbittlich. In einem Wettbewerb geht es darum, ein Biskuit mit sieben Schichten zu backen.

Wenn die Buttercreme-Schicht nicht gleichmäßig ist, das Mokka-Aroma zu dominant oder die Glaçage au Chocolat nicht glänzend genug, gar das Blattgold nicht gleichmäßig verteilt, führt das sofort zu Punktabzug. Und wer bei dreidimensionalen Skulpturen aus Keksen die Statik verbockt, kann sofort einpacken.

Ich selbst beherrsche nur einen Marmorkuchen und Butterplätzchen, und sogar das fällt mir eher schwer. Bei Lebkuchen muss ich für jeden kleinen Schritt in der Rezeptanleitung nachschauen. Ich habe trotzdem immer gerne gebacken, denn für mich war das etwas, das man sehr gut mit Kindern gemeinsam machen kann. Man erlebte zusammen das kleine Wunder, wie aus einer amorphen Teigmasse etwas Essbares wurde, das süß und knusprig ist. Jetzt allerdings habe ich keine Illusionen mehr, dass ich jemanden in der Familie mit meinen Backkünsten beeindrucken kann, am allerwenigsten Greta.

Greta kann schon jetzt mehr am Ofen als ich. Sie backt bunten Papageienkuchen, Waffeln, Torten mit versunkenen Kirschen und verschiedene Napfkuchen. Das also ist das erste Feld, auf dem der Respekt für den Vater zusammenbricht: das Kochfeld.

Mir ist das aufgefallen, als ich Greta zuletzt einen Donut vom Bäcker mitgebracht hatte. Früher war ein Donut einfach ein süßer bunter Kringel, das war Attraktion genug. Nun fragte ich Greta, wie sie den Donut finde, und sie sagte: «Die Porigkeit des Teiges könnte runder sein, insgesamt ist die Konsistenz etwas zu kompakt.» Das hatte sie nicht von mir.

Einschneidend war für mich auch die letzte Weihnachtszeit. Eigentlich ist Weihnachtszeit ja Großbackzeit, es werden Bleche voller Vanillekipferl, Butterplätzchen, Makronen und Lebkuchen produziert. Aber ich fühlte mich blockiert.

Macht nix, sagte Greta: Dann könne sie ja backen.

«Was denn?»

«Egal, ich mag ohnehin keine Plätzchen, die schmecken so trocken. Ich backe nur gerne.»

Ich hingegen mag Plätzchen. Soll Greta backen, ich werde mich aufs Verzehren zurückziehen. Irgendwann muss man die Verantwortung an die Jüngeren abgeben.

«Bei Fotos muss man immer so ein Gesicht machen»

Ich finde es nicht gerade leicht, Fotos von meiner jüngsten Tochter zu machen. Zum Beispiel waren wir zuletzt auf einem Familientreffen. Am Ende der Feier gab es ein Gruppenfoto mit Tanten, Onkeln und Cousinen. Meine Frau hat mehrere Bilder gemacht. Sie zeigen fröhlich lächelnde Menschen und mittendrin ein Kind, das aussieht, als hätte es gerade in eine Limette gebissen. Oder fröhlich lächelnde Menschen und mittendrin ein Kind, das mit verschränkten Armen wütend auf den Boden starrt. Oder fröhlich lächelnde Menschen und mittendrin ein Kind, das mit dem Rücken zur Kamera steht. Dieses Kind ist Juli.

Sie hat einfach keine Lust, fotografiert zu werden. Dabei ist fotografiert werden ja gar nicht schlimm, oder? Julis Schwestern machen eigentlich ständig Fotos von sich und empfinden es eher als Beleidigung, wenn man kein Bild von ihnen macht. Sie empfinden es auch als Beleidigung, wenn sie Bilder von sich auf Instagram teilen und sie nicht geliked werden.

Ich habe Juli gefragt, was das Problem sei. Sie sagte: «Bei Fotos muss man immer so ein Gesicht machen.» Ich glaube, sie meint: Lächeln, obwohl es gerade gar nichts zu lachen gibt.

Ich ahne, die Kamera bedeutet für Juli, andere bemächtigen sich ihrer. Dass sie sich dem Willen der Eltern unterwerfen soll, wenn auch nur für einen Augenblick. Dass sie anders sein soll. Dass sie so, wie sie gerade ist, nicht okay ist. Im Freud'schen Sinne blickt ihr durch das Kameraauge ein großes Über-Ich entgegen. Die Welt von Mama und Papa, an die sie sich einst wird anpassen müssen.

Ich habe das Gefühl, dass meine Tochter sich entschlossen hat, sich diesen Kräften zu widersetzen, so lange es nur irgend geht. Weiterhin fürchte ich, dies könnte dazu führen, dass das Heranwachsen meines Kindes fotografisch schlecht dokumentiert sein wird. Und schuld sind wir Eltern, die wir Juli beim Fotografieren dieses Unbehagen nicht nehmen konnten.

Aber zum Glück gibt es ja auch Menschen, die Fotografie professionell betreiben. Zum Beispiel der Schulfotograf. Der kam in Julis Schule, um von allen Erstklässlern nette Porträts zu machen. Meine Frau hatte unserer Tochter ein niedliches Kleid angezogen, damit wir wenigstens *ein* hübsches Foto von ihr hätten.

Als Juli nach der Schule nach Hause kam, fragten wir sie, wie es denn so gewesen sei, von einem echten Fotografen fotografiert zu werden. Juli schaute uns verwundert an. «Ich habe mich von dem nicht fotografieren lassen», sagte sie. «Der wollte schon wieder, dass ich so ein Gesicht mache ...»

«BABY – SHARK – DU – DU – DU – DU – DU!»

Lotta tanzt gerne. Ich, wie bereits erwähnt, eher nicht. Ich gehe nicht gerne in Clubs. Ich ging auch noch nicht gerne in Clubs, als sie noch Diskotheken hießen. Und wenn doch, dann versuchte ich immer, mich mit den anderen laut brüllend zu unterhalten, nur um einen Grund zu haben, nicht auf die Tanzfläche zu müssen. Tanzen war etwas, das mich überhaupt nicht innerlich aufbaute. Als Junge möchte man cool sein. Wenn man cool ist, bewegt man sich nicht. Damit man beim Tanzen aber gut aussieht, muss man sich stark bewegen. So wie John Travolta. Aber zwischen unbeweglich cool sein und superbeweglich hot sein erstreckt sich ein weites Feld, auf dem man alles Mögliche falsch machen kann.

Ich habe stets alles Mögliche falsch gemacht. Entweder drückte ich mich am Rand der Tanzfläche herum und bewegte mich je einen Schritt nach vorn und einen Schritt zurück. Oder ich stand in der Mitte der Tanzfläche und warf meine langen Haare hin und her. Beides fand kein Mädchen anziehend. Doch das war die einzig mögliche Geisteshaltung, mit der ich mich auf einer Tanzfläche bewegen konnte: Ich tanzte, um für mich zu sein, mit mir allein. Aber das ist nun mal das Allerschlimmste für einen Jugendlichen: mit sich selbst allein zu sein.

Der größte Vorteil am Erwachsenwerden war für mich also, mich nie mehr mit dem Thema Tanzen auseinandersetzen zu müssen. Wer erwachsen und fest liiert ist, muss höchstens noch bei Hochzeiten tanzen. Und dabei kann man sich lustig um die eigene Achse drehen und muss sich keine Sorgen machen, ob das gut aussieht oder nicht.

Warum ich das alles schreibe? Weil diese sorglose Zeit vorbei ist. Ich muss mich nun jeden verdammten Tag mit Tanzen auseinandersetzen. Lotta tanzt nämlich die ganze Zeit. Sie singt *«Baby – shark – du – du – du – du – du!»*, schüttelt ihre Haare, ihre Hände, ihre Hüften. Sie steht vor dem Toaster, wartet darauf, dass ihr Weißbrot geröstet ist, und tanzt. Sie putzt sich die Zähne und tanzt. Sie macht Hausaufgaben und tanzt. Sie tanzt sogar, wenn sie beim Abendessen sitzt: *«Baby – shark – du – du – du – du – du!»* Es ist völlig unmöglich, selbst davon unberührt zu sein. Man kann nicht ruhig bleiben.

Es gibt auch Tänze, die dem Videospiel «Fortnite» entliehen sind. Einer davon heißt «Hype». Dabei hüpft man auf einem Bein und tritt mit dem anderen in die Luft. Es gibt den «Loser»-Tanz. Dabei bewegt man sich wie ein Hampelmann und formt vor seinem Gesicht mit Daumen und Zeigefinger ein L. Und dann den «Floss»-Tanz, bei dem man sich von links nach rechts in den Hüften wiegt und dabei die Hände abwechselnd vor dem Körper und hinter dem Rücken schwenkt. Meine Kinder spielen nicht «Fortnite», sie tanzen es. Das ist nicht ganz einfach, es sieht aber so aus.

Ich übe es heimlich vor dem Spiegel. Ab und zu mache ich es ihnen auch gedankenlos nach. Was soll ich tun? Man kann nicht zwischen lauter sich wiegenden Wesen leben und sich selbst gar nicht rhythmisch bewegen. Manchmal finde ich, dass ich das mit diesem Zahnseide-Tanz schon ganz gut draufhabe. Dann packt es mich, ich stelle mich vor den Spiegel und schwenke die Hüften und die Hände. Und dann schaut mich Lotta an und sagt ernst: «Das solltest du vielleicht besser nicht tun, Papa.» Und wendet sich ab. Und schon fühle ich mich wieder wie ein Sechzehnjähriger. Tanzen hält jung.

«Hast du wieder die Zahlen vergessen?»

Als ich die Schule abgeschlossen hatte, war ich mir ganz sicher, dass ich etwas hinter mir lassen würde: Zahlen. Zahlen, die ich nicht verstehe. Kolonnen von Ziffern, die immer genau richtig hintereinandergeschrieben werden müssen. Und wenn nur eine Ziffer nicht stimmt, ist gleich alles falsch.

Es dauerte bis zu meiner ersten Steuererklärung – da ahnte ich, dass ich die Sache mit den Zahlen vielleicht doch nicht loswerden würde. Und so ging es weiter. Ich musste lernen, dass die ganze Welt voll auf Zahlen steht, nur ich nicht.

Greta mag Zahlen auch sehr gerne. Greta ist das einzige Kind in meiner Familie, das genau weiß, wie viel Taschengeld ich ihm noch schulde. Sie ist auch ziemlich gut in Mathe. Ich frage mich manchmal, wie ich Greta finden würde, wenn ich mit ihr zur Schule ginge. Die Mädchen, die gut in Mathe waren, waren mir als Schüler immer ein Rätsel. Andererseits, wie würde Greta wohl mich finden, wenn ich neben ihr auf der Schulbank säße? Würde sie mich abschreiben lassen? Ich bin mir da nicht sicher. Da war eine Sache, mit der man die Mädchen, die in Mathe gut waren, überhaupt nicht beeindrucken konnte: mit Mathe-Unkenntnis.

Leider gibt es so viele Zahlen, mit denen ich mich herumärgern muss. Zum Beispiel muss ich die Handynummern meiner Familie wissen, ich muss mir meine IBAN merken, regelmäßig wird meine Reisepassnummer abverlangt. Am schlimmsten aber sind all die PINs.

Ich nenne hier mal eine PIN, die ich dauernd brauche, einfach damit sie mal irgendwo zum Nachschauen für mich notiert ist: 453 000. Diesen Code muss ich ungefähr 58-mal am Tag in mein Smartphone eingeben, um den Bildschirm zu entsperren. Wenn ich den Code vergesse, frage ich Greta. Die kennt ihn.

Ein wahres Kreuz sind auch all die Zahlenschlösser, die meine Kinder in ihrem Alltag brauchen. Greta hatte an ihrer Schule einmal einen Spind, der mit einem Vorhängeschloss mit Zahlencode versehen war. Man musste dafür ein Rädchen mit einer Skala nach links und wieder nach rechts und wieder nach links drehen. Oder umgekehrt. Wenn ich Greta von der Schule abholte und die Schulmappe aus dem Spind holen sollte, musste ich stets unglaublich lange Zeit vor diesem Schrank verbringen. Wie ein Panzerknacker am Rädchen drehend, immer wieder neue Zahlenkombinationen ausprobierend. Bis Greta kam, fast mitleidig fragte: «Hast du wieder die Zahlen vergessen?», und mich erlöste.

Natürlich hat Greta auch ein Fahrradschloss mit Zahlencode. Und natürlich haben ihre Schwestern ebenfalls solche Schlösser für ihre Fahrräder. Man möchte ja nicht, dass ein Kind seinen Schlüssel verliert und dann das Rad für immer angeschlossen irgendwo rumsteht. Nur kann ich mir diese Zahlenkombinationen ebenfalls schwer merken.

Ich kann mir aber helfen: Ich wähle für jedes Kind einfach das Geburtsdatum als Kombination. So können sie auch die Kinder nicht vergessen. Ich habe festgestellt, das dies alle anderen Eltern auch so machen. Wenn du also weißt, wann ein Kind geboren ist, dann kannst du auch sein Fahrrad klauen.

Es gibt übrigens eine Zahlenfolge, die sich Greta schlecht merken kann: meinen Geburtstag. Neulich habe ich sie einmal gefragt. Es wollte ihr einfach nicht einfallen. Ich war schon etwas beleidigt. Da hatte Greta eine Idee: «Papa, hast du vielleicht am 45.30.00 Geburtstag?»

«Ich muss noch ein Musically drehen»

Einmal war ich Zeuge, wie Lotta seltsame Dinge machte. Sie stand in der Küche und fing an, mit den Armen zu rudern, sie gestikulierte, als wolle sie etwas Dringendes mitteilen, in Gebärdensprache offenbar. Und sie bewegte den Mund – lautlos. Dann riss sie die Augen weit auf, als staune sie über etwas, das sie gerade erblickt hatte. Sie schien mit irgendwem zu kommunizieren, vielleicht mit einem unsichtbaren Freund. Ich habe gelesen, dass es kein Problem ist, wenn Kinder einen unsichtbaren Freund haben. Unsichtbare Freunde wären mir lieber als manche sichtbaren. Aber bei einer Fünfzehnjährigen?

Allerdings entdeckte ich bald, dass Lotta mitnichten mit Geistern kommunizierte, sondern mit einer App auf dem Smartphone. Sie beschäftigte sich mal wieder mit TikTok, ehemals als «Musical.ly» bekannt. Lotta nennt die App noch immer «Musically». Mit diesem Programm dreht Lotta kleine Videoclips. Es sind Choreographien, die sie zu Musik aus dem Smartphone mit der Handykamera aufnimmt und danach mit leicht erhöhter Geschwindigkeit abspielt, sodass sie zackig aussehen. So eine Bewegungsabfolge kann etwa sein: mit verschränkten Armen vor der Kamera stehen und sich etwas hin und her wiegen. Dann eine Hand in die Hüfte stemmen und neckisch mit dem Zeigefinger drohen. Dann mit den Händen ein Herz formen (sieht aus wie eine Abwandlung der Merkel-Raute). Und schließlich eine schwungvolle Drehung um die eigene Achse, dass die Haare fliegen.

Anschließend teilt Lotta das Video mit ihren Freunden. Ihre Freunde antworten mit eigenen Clips. Meine Tochter hängt sich keine Poster von Popstars an die Wand. In ihrer Welt ist einfach jeder sein eigener Popstar. Lotta dreht oft, und das hält sie von mancherlei ab. «Ich muss noch ein Musically drehen», sagt sie wie selbstverständlich, wenn sie etwas nicht macht, was sie gerade machen soll. Was mich aber wirklich irritiert, ist Lottas Lächeln. Sie lächelt während des gesamten Clips. Selbst wenn sie die Lippen bewegt, hört sie nicht auf zu lächeln. In ihrer Social-Media-Welt gibt es keine bösen Gesichter. Man lächelt einfach immer weiter.

In der normalen Welt, wo sie ihr Vater morgens aus dem Bett rüttelt und abends fragt, ob die Hausaufgaben gemacht sind, lächelt sie nicht die ganze Zeit. Und es werden auch viel weniger Herzen mit den Händen geformt. Manchmal stelle ich mir vor, dass ich Lotta frage: «Kannst du jetzt endlich den Tisch abräumen?», und sie mit ein paar coolen Moves und einer eleganten Körperdrehung, gerne auch etwas schneller abgespielt als im normalen Leben, die Teller in den Geschirrspüler lächelt. Stattdessen: alle Bewegungen in Zeitlupe.

Öfter mal rumpele ich bei Lottas Dreharbeiten von der Seite ins Bild und spiele den Deppen, der alles vermasselt.

Lotta findet das manchmal lustig, manchmal fragt sie: «Warum machst du das?»

Tja, warum mache ich das: vielleicht, weil es mich nervt, dass man sich schon mit fünfzehn Jahren für Social Media inszeniert. Oder aber weil ich eifersüchtig bin auf dieses Land des Lächelns, in dem die Musically-Lotta lebt – und wo ich nicht hingehöre.

Manchmal lässt mich das offenbar missmutig aussehen. Anders kann ich es nicht interpretieren, wenn meine Tochter sagt: «Och, Papa, jetzt guckst du schon wieder wie so ein abgestürzter Computer.»

«PAPA, DARF MAN SICH DA HINSETZEN?»

Kinder brauchen Regeln. Regeln sind wichtig. Ich glaube, es gibt wenige Erziehungsratgeber, die das nicht betonen. Ich selbst finde Regeln wichtig. Ohne Regeln funktioniert keine Gemeinschaft, auch keine Familie. Das Problem bei Regeln ist aber, dass man sich selbst daran halten muss.

Wir haben mit Lotta die Regel aufgestellt, dass sie am Abend ihr Smartphone weglegt. Das ist leider problematisch, weil ich selbst am Abend kaum mein Handy weglegen kann. Ich würde ja schon, theoretisch. Aber ständig fällt mir ein, dass ich dringend noch etwas im Netz bestellen, eine E-Mail schreiben oder sonstigen Online-Kram erledigen muss. Ich kann aber schlecht die Regel aufstellen, dass man das Handy weglegt, außer es findet sich ein triftiger Grund dafür, dass man es noch mal zur Hand nehmen muss. Regeln müssen nämlich klar und nachvollziehbar sein.

Das größte Interesse an Regeln hat Juli. Ständig fragt sie: «Darf man das?» Es geht dabei nicht unbedingt darum, welche Regeln ihr Vater aufstellt, sondern um jene, die über uns allen schweben: also um Gesetze. Die flößen ihr ungemeinen Respekt ein. «Papa, darf man sich da hinsetzen?», fragt sie, wenn wir in ein Restaurant gehen. «Papa, darf man denn die Seife nehmen?», fragt sie auf einer öffentlichen Toilette. Im Kopf meines Kindes herrscht noch das Wilhelminische Zeitalter.

Alles voller Verbote, dazwischen ein paar wenige Sachen, die man darf. Und Juli fürchtet offenbar drakonische Strafen. Als wir mal eine sehr kurze Strecke in einem Taxi gefahren sind, das über keine Kindersitzerhöhung verfügte, war sie schier untröstlich, weil sie der festen Überzeugung war, jetzt müssten wir alle sofort ins Gefängnis.

Julis Umgang mit häuslichen Regeln hingegen ist wesentlich entspannter. Hier begreift sie alles als verhandelbar. Wenn ich ihr sage, dass man am Tisch nicht den Saft aus dem Mund tropfen lässt, sagt sie: «Na gut, dann werfe ich aber das Essen auf den Boden!» Das will ich dann auch wieder nicht. Juli ist da wie Horst Seehofer, sie weiß, sie ist letztlich schwächer, kann aber bis zur Niederlage viel Schaden anrichten.

Gleichzeitig duldet Juli keine Ungerechtigkeit. Jedenfalls nicht, wenn es um Ungerechtigkeit gegen ihre Person geht. Wenn ich sie ins Bett bringen möchte, sagt sie: «Na gut, aber nur, wenn alle anderen auch ins Bett gehen.» Ich verstehe das sehr gut: Wie kann es sein, dass Regeln für alle gelten, aber die anderen mehr «alle» sind als sie? Und Fernsehen gucken dürfen, während sie schlafen muss?

Logisch, dass sie sich ständig widersetzt. Während es vor der Tür echte Gesetze gibt, herrscht zu Hause ein Willkürregime. Ich glaube, man nennt das zivilen Ungehorsam.

Ich bin trotzdem guten Mutes, dass Juli eine gesunde Entwicklung nehmen wird. Kürzlich im Urlaub haben wir am Strand ein Spiel gespielt. Juli sagte, es gelte, mit Kieseln einen großen Stein im Wasser zu treffen. Ich warf und traf.

Da sagte Juli: «Leider verloren, man darf den Stein nicht treffen.»

Ich warf also vorbei.

«Leider verloren, du musst an der anderen Seite vorbeiwerfen!»

Ich hatte keine Chance, die Regeln änderten sich einfach zu schnell. Ich halte bei Juli eine juristische Karriere für möglich.

Das Handy-Problem löse ich übrigens in der Weise, dass ich abends demonstrativ mein Smartphone weglege und mich danach heimlich wieder hinschleiche. Wie ein Dieb. Das haben die Regeln aus mir gemacht.

«JA, WAS, ÄH, HÄ?»

Ich erinnere mich an einen Urlaub in Italien. Vor etlichen Jahren. Wir waren in einem Haus an einem See in Latium, wir lebten von Büffelmozzarella, Pasta und Tomaten. Nur Greta nicht. Greta lebte von Brot mit Frischkäse. Und zwar Frischkäse einer Marke, wie man sie überall auf der Welt im Supermarktregal findet. Das Frühstück war für sie gleich der Höhepunkt des Tages. Greta war etwas unwirsch, bis endlich der Frischkäse auf ihrer Schnitte war. Was dann folgte, war eine Meditation.

Ich hatte es nicht für möglich gehalten, dass man sich so sehr auf ein geschmiertes Brot konzentrieren kann. Ich habe nie mehr einen zufriedeneren Menschen gesehen als meine Tochter mit jenen Frischkäsebroten. Ich fragte mich: Warum kann man das Leben nicht einfach auf dieser Stufe einfrieren? Warum muss es immer weiter- und weitergehen, wenn doch nur immer mehr Bedürfnisse hinzukommen, die es einem schwerer und schwerer machen, zufrieden zu sein? Und irgendwann beißt man dann in ein Frischkäsebrot, und es schmeckt einfach nur noch nach Käse.

Wenn Greta sich auf etwas konzentriert, dann schließt

sie sich mit diesem Gegenstand in einer eigenen Welt ein. Sie reagiert nicht, wenn ich sie anspreche, ich muss sie schon schütteln, um auf mich aufmerksam zu machen. Derzeit liest sie einen 500-Seiten-Wälzer von Ursula Poznanski über einen Jungen, der einen Motorradunfall hatte. So richtig erzählt sie es mir nicht, weil jede Nachfrage meinerseits nur wie ein lästiges Eindringen in ihre Welt ist: «Ja, was, äh, hä?», sagt sie dann und senkt schon wieder ihre Stirn ins Buch.

Ein bisschen bin ich neidisch darauf. Meine Tochter hat eine Ruhe, die ich mein ganzes Leben nicht hatte. Wenn ich mich als Kind auf etwas konzentrieren wollte, fingen die Dinge an zu tanzen, und ein entnervendes Kribbeln machte sich in mir breit. Auch wenn ich versuchte, ganz aufmerksam zu lesen, etwas akribisch abzumalen – es gelang mir nicht. Meine gesamte Schulzeit habe ich auf kippeligen Stühlen verbracht.

Seitdem ist es eher schlimmer geworden. Mein Glück ist nur, dass die übrige Welt auch unkonzentrierter geworden ist. Ich höre oft von der schwindenden Aufmerksamkeitsspanne unserer Generation. Angeblich können wir uns nur noch acht Sekunden auf einen Gegenstand konzentrieren. Goldfische sollen immerhin neun Sekunden schaffen. Das mit den Goldfischen fällt mir schwer zu glauben, jedenfalls solange Goldfische noch keine Smartphones bedienen können.

Ich habe gelesen, dass es an amerikanischen Universitäten Überlegungen gibt, die Lehrpläne zu revidieren, weil die Studenten es einfach nicht mehr schaffen, die vorgegebene Literatur zu lesen. Zu zerstreut sind sie. Manche erklären das auch als Fortschritt. Angeblich erkennt unser Gehirn durch das Multimediatraining heute viel schneller als früher, wenn etwas nicht interessant ist. Das Langweilige wird aussortiert, und dann suchen wir nach etwas Neuem, das unsere Aufmerksamkeit fesselt. Für etwa acht Sekunden.

Ich hoffe, dass es noch lange dauert, bis Gretas Gehirn im Goldfischmodus ist. Neulich habe ich ihr Buchstudium mit der Frage unterbrochen, ob ich ihr ein Frischkäsebrot schmieren solle. «Nein danke, lieber Nutella», sagte sie. Das fand ich ein bisschen schade.

«ABER PAPA, DAS IST EIN OHRWURM»

Manchmal stelle ich mir vor, wie es wäre, Jungs zu haben. Wir haben öfter Jungs zu Gast. Wenn Jungs klein sind und spielen, können sie dabei beeindruckend laut werden. Ich bewundere dann die Jungs-Eltern und denke, ich könnte das auf Dauer schwer aushalten.

Ich habe gehört, dass manche Jungs, wenn sie älter werden, umso schweigsamer werden, bis sie wie stumme Mönche durch den Haushalt schreiten, versunken in ihre Gedanken und Erwägungen. Das würde ich auch nicht aushalten.

Jungs aber haben einen Vorteil: Sie singen nicht. Jedenfalls nicht den ganzen Tag, Töchter schon. Es ist ja grundsätzlich sehr schön, wenn Kinder singen. Aber mit dem Singen ist es so: Erst singen die Kinder Kinderlieder, die sich Erwachsene ausgedacht haben (*Wer will fleißige Handwerker seh'n / der muss zu uns Kindern geh'n*). Wenn sie etwas größer werden, singen sie etwas zotigere Kinderlieder, nämlich solche, die sich Kinder ausgedacht haben (*Scheiße in die Luft geschossen / gibt bei Regen Sommersprossen*). Und wenn sie noch etwas älter sind, dann singen sie den ganzen Tag *Netflix & Chill* von Kay One feat. Mike Singer. Das ist ein Lied, wie es sich der Leibhaftige ausdenken würde. Lotta *ist* etwas älter, und sie singt: *Mann, ich will Netflix und Chill* … Lotta singt nicht schlecht, sie singt sogar richtig gut. Aber sie singt den ganzen Tag die gleiche, immer gleiche Liedzeile. Lotta macht manchmal auch ein paar Tanzbewegungen dazu. Dann singt sie wieder: *Mann, ich will Netflix und Chill* … Das über Stunden zu hören, ist Folter.

«Kannst du nicht einmal kurz still sein oder wenigstens etwas anderes singen?», bettele ich dann.

«Papa, ich mag den Song eigentlich auch nicht, aber das ist eben ein Ohrwurm, ich MUSS das singen … Mann, ich will Netflix und Chill …»

«Aaaah!», unterbreche ich. «Was ist das überhaupt für ein Quatsch! Davon träumt ihr heute? Vor dem Fernseher zu fläzen und euch Serien bei Netflix anzugucken? Die Musik, die wir damals gehört haben, die handelte wenigstens noch von richtigen Sachen!»

Ich hole meinen Laptop und suche etwas von den Smashing Pumpkins als Beweis heraus: *Tonight, Tonight*. Etwas mit Drama, denke ich. Drama beeindruckt Mädchen immer.

Lotta hört sich den Song etwa dreißig Sekunden an und macht dabei ein Gesicht, als hätte sie versehentlich an Gallseife geleckt. «Aber Papa, das ist doch überhaupt keine Musik. Das musstet ihr hören? Ihr Armen!»

Jetzt bin ich es, der sich plötzlich verteidigen muss. «Mike Singer!», sage ich. «Wer soll das denn überhaupt sein?»

«Papa, das ist der deutsche Justin Bieber!»

Später gucke ich mir heimlich das Video auf YouTube

an. Mike Singer sieht tatsächlich aus, als hätte man einen kleinen Bruder von Justin Bieber zusammen mit einem Liter Kuschelweich in die Waschtrommel gesteckt und im Schongang gespült. Niedlich.

Ich lese im Internet, dass «Netflix & Chill» nicht etwa ein Ausdruck für gemeinsames Fernsehgucken ist, sondern mindestens für «heftig vor dem Fernseher knutschen». Das hatte mir Lotta gar nicht gesagt. Was man nicht alles lernt, wenn man mit Mädchen zusammenlebt, denke ich. Und summe unabsichtlich: *Mann, ich will Netflix und Chill …* und weiß, ich werde diesen Song lange nicht mehr loswerden.

«Papa, du kannst jetzt wieder gucken»

Ich gehe gerne mit allen meinen Kindern ins Kino, aber meistens klappt das nicht so richtig. Denn es ist nicht einfach, einen Film zu finden, der für jede Altersstufe passt. Nur wenige Streifen mit «FSK 6» sind auch noch für Zwanzigjährige interessant.

Der letzte Film, den ich mit allen Kindern gemeinsam geguckt habe, war eine Disney-Dokumentation über Delfine. Da hatte zwar Juli zwischenzeitlich geweint, als der kleine Delfin Blue sich verschwommen hatte, aber irgendwie ging das schon okay. Ansonsten gehe ich mit den Töchtern lieber getrennt ins Kino. Mit Luna kann man sich wunderbar «Deadpool» angucken. Mit Greta war ich neulich in «Meine teuflisch gute Freundin». Es gibt offenbar Filme, die man als angehende Jugendliche gesehen haben muss, sonst bekommt man das Gefühl, einen Meilenstein der Kulturgeschichte verpasst zu haben.

So kam es also, dass Greta mich bat, mit ihr diesen Film zu gucken, bevor er im Kino nicht mehr zu sehen sein würde. Wenn man mit recht vielen Frauen und Mädchen zusammenlebt, wie ich, hat man tendenziell eine Überversorgung mit Liebes- und Dramafilmen aller Art. Ich würde es weit von mir weisen, ein Anhänger von brutalen Actionfilmen zu sein, aber ich finde es schon okay, wenn irgendwo etwas ein ganz kleines bisschen explodiert oder jemand an etwas anderem stirbt als frisch verliebt an einer schweren, schweren Krankheit, die schon ab der ersten Filmminute bekannt ist.

Von daher war «Meine teuflisch gute Freundin» gar nicht so schlecht. Es geht um die Tochter des Leibhaftigen, gespielt von Emma Bading, die eine Art Bosheitspraktikum bei einer Gutmenschenfamilie in Ostfriesland machen muss. Das geht natürlich ziemlich schief, alle sind viel zu nett, sie schafft es nicht, so fies und gemein und manipulativ zu sein, wie sie es sich vorgenommen hatte, und dann verliebt sie sich auch noch Hals über Kopf in den coolsten Jungen der Schule.

Greta fieberte natürlich auf die Romanzen-Szenen hin. Wenn Greta Romantik sieht, gefällt ihr das sehr, sehr gut. Ich hingegen kann Romantik-Szenen überhaupt nicht ertragen. Vielleicht liegt es daran, dass, sobald ich in einem Teenie-Film bin, ich anfange, wie ein Teenager zu fühlen. Und zwar wie einer, der noch nie geknutscht hat.

Ich bin deswegen eine Belastung für meine Töchter, die mit mir Filme angucken. In einer Szene standen die mauerblümchenmäßige Freundin der teuflischen Heldin und ihr Schwarm an einer Straßenecke ganz dicht beisammen, und ihre Gesichter näherten sich langsam an.

«Ogottogott, die küssen sich gleich!», rief ich aus und schlug die Hände vor dem Gesicht zusammen.

«Papa, du kannst jetzt wieder gucken», sagte Greta, als es vorbei war.

Es klang fast fürsorglich. Sie scheint daran gewöhnt zu sein. Manchmal denke ich, dass ich solche Szenen auch so schwer ertragen kann, weil ich mir dabei vorstelle, dass sich alle meine Kinder mal mit jemandem küssen werden. Mit jemandem, mit dem sie dann statt meiner ins Kino gehen.

Schließlich hatte sich im Film jeder einmal in jeden verliebt, es wurden die Liebe und die Freundschaft gefeiert und Ostfriesland. Greta hatte das alles gut verarbeitet, ich war völlig fertig. Das nächste Mal möchte ich wieder Delfine angucken.

«Lachender Smiley» – «Küsschen-Smiley» – «Kotzender Smiley»

Ich hatte es damals kommen sehen: Lotta war die Letzte in ihrer Klasse, die ein Smartphone bekam. Kurz bevor die Leute in unserem Umfeld wohl vermutet hätten, etwas Religiöses müsse schuld daran sein, dass unsere Tochter noch keines hatte. Bis dahin hatte Lotta ein altes Tastenhandy. Meistens verbarg Lotta es, denn sie meinte, kein Handy zu haben sei besser als ein Tastenhandy, und war damit nicht zu erreichen. Das Handy war ihr peinlich. Als sie dann doch ihr Smartphone bekam, war sie so glücklich, als hätte man ihr gerade die Bürgerrechte zugesprochen. Endlich würde sie Musik auf Spotify hören können und in den WhatsApp-Gruppen ihrer Freundinnen mitchatten. Ich weiß ziemlich genau, warum meine Frau und ich unserer Tochter so lange das Smartphone vorenthalten haben.

Kein Kind braucht so ein Ding – bis es eines hat. Wenn ein Smartphone erst einmal da ist, wird es zum Mittelpunkt des Lebens. Allein WhatsApp produziert Hunderte Nachrichten in der Woche. Die Äußerungen, die Lotta dort abgibt, sind etwa: «Hi!» – «Lachender Smiley» – «Küsschen-Smiley» – «Kotzender Smiley». Das kann Stunden verschlingen. Und immer dann, wenn es nichts zu chatten gibt, dann gibt es garantiert ein YouTube-Video oder einen Musical.ly-Clip zu kommentieren. Wer die Hausaufgaben vergessen hat, fragt im Klassenchat nach.

Wenn ich mit anderen Eltern über Smartphones diskutiere, höre ich Argumente dafür und dagegen. Es gibt Studien, die besagen, dass Kinder, deren Eltern ihnen keine Beschränkungen im Umgang mit Medien auferlegt haben, später beruflich erfolgreicher sind. Andere Studien wollen herausgefunden haben, dass Kinder wegen der Smartphones heute eher zu Depressionen neigen und sich seltener mit Freunden treffen. Ich denke, man sollte da nicht auf die Wissenschaft hören, sondern nur auf den eigenen Bauch. Und der grummelt, wenn Lotta morgens schon Musik auf dem Smartphone hört.

Ich weiß, dass das nicht gerecht ist. Schließlich hat Lotta Eltern, die selbst ständig Smartphones benutzen. Wenn ich ohne das Ding aus dem Haus gehe, fühle ich mich so unwohl, als hätte ich meine Hose vergessen. Als fände die Welt ohne mich statt. Als würde die Menschheit nun durchdrehen, weil sie mich nicht erreichen kann.

Über die sogenannte Screentime meiner Tochter wache ich mittlerweile hingegen vorbildlich. Seit neuestem überprüfe ich alle paar Minuten, ob Lotta gerade ihr Handy nutzt. Aber laut der App nutzt sie es meistens gar nicht. Häufig kommt sie nicht einmal auf dreißig Minuten am Tag. Lotta meint, sie chatte eben gar nicht so viel.

Trotzdem starre ich wie eine Katze auf mein Smartphone, darauf wartend, dass Lotta endlich ihr Handy benutzt. Manchmal rufe ich sie sogar deswegen an: «Lotta, nutzt du gerade wirklich nicht dein Handy?» – «Papa, du rufst mich doch gerade darauf an!» Es macht mich völlig fertig.

Was macht das Kind nur die ganze Zeit, während es das Handy nicht benutzt?, frage ich mich. Gibt es überhaupt Tätigkeiten, denen man heute noch so ganz ohne Smartphone nachgeht? Für mich gibt es das jedenfalls nicht. Wenn ich mich dafür interessiere, wie das Wetter wohl ist, schaue ich auf mein Smartphone. Wenn ich ins Kino gehen möchte, gucke ich mir den Trailer zum Film auf dem Smartphone an – und bestelle damit auch gleich die Tickets. Wenn ich etwas koche, lese ich das Rezept auf dem Smartphone nach. Es fällt mir schwer, mir irgendetwas ganz ohne Smartphone-Beteiligung vorzustellen. Deswegen rufe ich Lotta gleich wieder an: «Was machst du eigentlich?» – «Ich telefoniere gerade mit einem Typen, der offenbar zu viel Zeit hat!»

Gibt es eigentlich eine Erziehungs-App? Die bräuchte ich dringend.

«Es gibt einfach keine guten Bücher mehr»

Greta hat viele schöne Bücher im Regal. Verschiedene Werke von Cornelia Funke, «Die unendliche Geschichte», «Die Chroniken von Narnia». Alles kein Schund, wirklich. Sie sind allerdings vor allem aus optischen Gründen da. Denn Greta liest mittlerweile kaum noch. Ihre Erklärung dazu hört sich so an: «Es gibt einfach keine guten Bücher mehr.»

Das letzte Buch, das Greta toll fand, war der achte Band von «Harry Potter». Danach gab es ihrer Meinung nach einen fürchterlichen Qualitätseinbruch im internationalen Jugendliteraturwesen. Freilich haben sich etliche Autoren bemüht, die Lücke zu schließen, die Joanne K. Rowling gerissen hat. Aber letztlich blieben sie alle irgendwo unterwegs stecken. Greta sieht das Problem also durchaus nicht bei sich, sondern bei allen anderen.

Was mich beruhigt: Meine Eltern waren einst genauso besorgt, dass ich nicht las. Mein Vater legte mir ein Werk der Weltliteratur nach dem anderen nahe: «Tom Sawyer und Huckleberry Finn», «Der Seewolf», «Lederstrumpf». Immer hoffend, der Sohn werde doch genauso davon in eine Phantasiewelt entführt wie einst er. Ich habe diese

Bücher durchaus gelesen. Aber ich las sie nicht mit Begeisterung, sondern eher so, wie ich später in der Schule «Die Leiden des jungen Werther» abarbeitete. Ich konnte nicht verstehen, was mein Vater daran so großartig fand. Ich las zu der Zeit viel lieber Comics. Meine Parallelwelt hieß Entenhausen. Deshalb war ich aber durchaus nicht für das bürgerliche Leben verloren, wie meine Eltern fürchteten. Ich habe später sogar Abitur gemacht.

Vielleicht sollte ich mich also beruhigen. Es ist ja auch nicht so, dass Greta gar kein Verhältnis zu Büchern hätte. Sie hat durchaus klare Vorstellungen von einem guten Buch. Sie sagt: «Ein Buch muss entweder sehr lustig oder sehr traurig sein, die meisten sind aber nur so mittel.» Sie weiß ziemlich genau, was ihre Freundinnen gerade lesen, und sie kann sogar den Inhalt etlicher Bücher wiedergeben. Greta ist informiert, was in «Gregs Tagebuch» passiert, und kennt sich mit «Warrior Cats» aus. Greta verschenkt sogar Bücher. Aber sie liest sie halt nicht.

Ich dachte, dass vielleicht meine Vorstellungen von Jugendliteratur zu konservativ seien. Einmal bin ich in die Bücherei gegangen und habe nach einem Buch verlangt, das Kinder in Gretas Alter jetzt mit Begeisterung lesen. Ich kam mit «Artemis Fowl» zurück. Ein Buch über Elfen, die gegen einen Superschurken kämpfen. Wir lasen es gemeinsam. Meine Tochter hatte recht: Es war leider so mittel.

Neulich teilte mir Greta mit, sie habe vor, «Mein bester letzter Sommer» zu lesen. Eine Geschichte über ein todkrankes Mädchen, das sich zum allerersten Mal verliebt. Ich stimmte zu. Klingt tatsächlich nach einem möglicherweise guten Buch. Falls meine Tochter es auch künftig schafft, derart sorgfältig zu prüfen, welche überflüssigen Erfahrungen man im Leben vermeiden kann, wird ihr viel Ärger erspart bleiben.

«ICH FEIER DAS VOLL»

Manchmal weiß ich nicht recht, was Lotta mir sagen will. Lotta sagt zum Beispiel nie: «Ich mag das.» Sie sagt stattdessen: «Ich feier das.» Das geht dann etwa so: «Boah, Crêpes mit Nutella, die feier ich mega.» Ich frage mich, was mein Kind für einen Begriff vom Feiern hat.

Für meine Eltern war eine Feier etwas Festliches. Man ging etwa auf eine Hochzeitsfeier. Als ich selbst jung war, sprachen wir davon, dass man abends «feiern geht». Es waren natürlich mitnichten Feiern, an denen wir partizipierten, wir gingen höchstens in einen Club, hielten uns dort an unseren Bierflaschen fest und glotzten untätig auf die Tanzfläche. Es war eigentlich ziemlich öde. Aber indem man sagte, man sei «feiern» gewesen, hörte es sich an, als habe man etwas erlebt.

Lotta feiert den ganzen Tag irgendwas: Sie feiert YouTuber, sie feiert Erdnussbutter, sie feiert argentinische Telenovelas. Wenn Lotta beim Streamingdienstgucken chillt, dann ist sie (wie sie es ausdrücken würde) so «hart entspannt», dass man manchmal nicht feststellen kann, ob sie überhaupt atmet. Aber sie feiert das.

Dinge, die eher so ganz nett sind, findet Lotta hingegen

«nice». Lotta steigert «nice» so: «nice», «nicer», «voll nice». Lotta meint zum Beispiel, dass sie «nice» Eltern hat. Ich glaube, das ist das größte Lob, das man von einer Fünfzehnjährigen erwarten kann. Es gibt auch noch eine weitere Art, wie Lotta Zustimmung signalisiert – Lotta sagt dann: «Das bin voll ich.» Oder: «Das T-Shirt, das bin voll ich.» Ich beneide mein Kind darum, denn ich weiß immer noch nicht, wer ich eigentlich voll bin.

Was mir am Sprachgebrauch meiner Tochter gefällt: Fast alle jugendsprachlichen Begriffe, die Lotta nutzt, sind positiv. Und sie sind nicht vulgär. Es gibt in ihrem Sprachschatz nur ein böses Wort, und das ist «Horst». Wenn Lotta meint, jemand sei «voll der Horst», dann bedeutet das nichts Gutes für diese Person. Ich meine manchmal, dass es doch bestimmt auch einige sehr nette Menschen gibt, die Horst heißen. Lotta meint, dann wären sie ja gar keine Horsts.

Vielleicht gibt es aber auch gar keine Jugendsprache im eigentlichen Sinne, sondern nur bestimmte Ausdrücke und Sprechweisen, die man in seiner Jugend halt irgendwo aufschnappt – und dann beibehält. Als ich in Lottas Alter war, kam gerade das Wort «geil» auf. Irgendwann landete eine Band namens Bruce & Bongo mit dem Song «Geil» einen Hit: *Ich bin geil, du bist geil, wir sind geil, g-g-g-g-geil!* Es war ein Skandal. Sogar der damals noch einigermaßen jugendliche Thomas Gottschalk wetterte gegen den Song. Aber es war der Durchbruch des Wortes.

Heute ist «geil» sehr, sehr geläufig. Lotta hingegen sagt eher selten «geil». Für sie ist es ein Wort alter Männer. Ich denke, die typischen Begriffe der Jugend heute werden einmal genauso in den allgemeinen Sprachgebrauch übergehen. In zehn Jahren werden konservative Abgeordnete im Bundestag sagen, dass sie den Antrag der eigenen Fraktion feiern, den des Gegners hingegen voll nicht feiern. Denn das sagt man in Lottas Kreisen, wenn man etwas überhaupt nicht mag: «Das feier ich voll nicht.»

Wenn das also die Zukunft ist: dass es als äußerste Kritik gilt, jemanden nicht zu feiern, und es die Höchststrafe ist, so genannt zu werden, wie unser Innenminister heißt – dann kann das keine ganz schlechte Welt sein. Ich glaube sogar, so eine Welt wäre dann irgendwie auch voll ich.

«Darf ich fernsehen?»

Greta ruft manchmal bei mir im Büro an. Wenn ich die Handynummer eines meiner Kinder auf dem Display sehe, eile ich aus jeder Besprechung, immer darauf gefasst, dass es etwas Schlimmes sein könnte. Ein Kind hat sich verlaufen, ein Kind ist in die falsche U-Bahn gestiegen. Aber meist ist es: «Papa, darf ich fernsehen?»

Man liest ja immer, dass die jungen Leute heute kein Fernsehen guckten und dass den Sendern bald die Zuschauer ausgingen. Ich kann die Sendeanstalten beruhigen: Auf meine Kinder können sie zählen. Die finden Fernsehen überhaupt nicht altmodisch.

Die Kinder sollen nicht viel fernsehen. Fernsehen schadet der Phantasie. Das hat mir schon mein Vater gesagt. Er hat gesagt, es sei gut, ein Buch zu lesen, denn dabei arbeite die eigene Vorstellungskraft. Beim Fernsehen habe die Phantasie aber nichts mehr zu tun, deswegen werde man umso dümmer, je länger man vor dem Gerät sitze. Ich saß als Kind trotzdem lange davor. Ich habe damals alles gesehen, von «Captain Future» bis zur «Schwarzwaldklinik». Für meine Phantasie muss das so betäubend gewesen sein wie Klebstoffschnüffeln für den Geruchssinn. Ich muss in dieser Zeit so viel dümmer geworden sein, dass es gar nicht auszumalen ist, was ohne Fernsehschauen alles aus mir hätte werden können. Vermutlich würde ich heute Gravitationswellen messen oder so.

Wenn meine Tochter fragt, ob sie den Fernseher anmachen darf, frage ich zuerst, ob sie denn schon ihre Hausaufgaben gemacht habe. Greta sagt: Ja. Dann frage ich, ob sie denn auch schon ihr Musikinstrument geübt habe. Greta sagt: Ja. Dann fehlen mir die Argumente. Ich finde, ein Kind, das seine Pflichten erledigt hat, sollte Anspruch auf Freizeit haben. Freizeit bedeutet allerdings, dass Greta sie gestalten darf, wie sie möchte.

Ich würde es gerne sehen, dass meine Tochter liest. Aber sie will eben fernsehen. Ich sage: «Aber nur eine Stunde.»

Dann aber kommt Lotta von ihrer Freundin nach Hause, ruft mich an und fordert wiederum ihre eigene Stunde Fernsehzeit ein, die sie im Anschluss an Gretas Fernsehstunde in Anspruch nehmen möchte. Greta guckt nämlich gerne «Jessie!». Das ist eine Sendung über ein Mädchen namens Jessie, der Soundtrack hallt sehr laut: «Hey Jessie!» Lotta mag hingegen eher «Türkisch für Anfänger», das ist eine Serie über eine multikulturelle Patchwork-Familie.

Schließlich hole ich dann Juli ab, und Juli vergisst auch nicht, dass sie noch fernsehen will. Sie guckt gerne «Peppa Pig». Eine Zeichentricksendung über ein sehr aufgewecktes Schweinchen.

Ich halte keine der Sendungen für schädlich. Das Problem ist nur, dass die Kinder sehr freigiebig sind darin, ihre Geschwister teilhaben zu lassen. Sogar Lotta bleibt noch gerne länger und schaut mit Juli zusammen Schweinchen an. Und ich dazwischen wie ein Bademeister mit der Stoppuhr, der die Kinder anhält, ihre Zeiten einzuhalten. Alle suchen Entspannung, und ich mache Stress.

Öfters setze ich mich dann dazu und gucke mit. Man soll ja Anteil am Medienkonsum der Kinder nehmen, das Gesehene diskutieren. Ich stelle viele Fragen, wer etwa bei «Türkisch für Anfänger» mit wem gerade eine Beziehung hat. Manchmal steht Lotta dann auf und sagt, sie möchte jetzt lieber etwas lesen.

«ICH HÖRE JETZT VERBRECHEN-PODCASTS!»

Lotta hört jetzt Podcasts – immer. Das bedeutet leider, dass Lotta mich nicht mehr hört. Sie hat ständig ihre Kopfhörer im Ohr. Und wenn ich etwas sage, hört sie mich nicht. Ich habe sie schon öfter gebeten, die Dinger rauszunehmen. Aber das hat sie nicht gehört. Ich habe es nicht laut genug gesagt. Wenn ich Lotta etwas mitteilen möchte, dann muss ich brüllen. Ich glaube, Lotta nutzt das als eine Art Filter. Sie will von mir nur noch das Gebrüllte wahrnehmen. Sie geht davon aus, dass ich alles, was ich wichtig finde, auch noch mal brüllen kann. Und alles, was ich nicht so laut sagen will, das hätte ich dann vielleicht überhaupt nicht erwähnen müssen.

In der Kommunikation zwischen Lotta und mir hat es dazu geführt, dass ich nun alles immer mit mächtigem Nachdruck betonen muss. Es gibt nur noch laut und superlaut. Wie ein polternder Blaubart dröhne ich durch unsere Wohnung. Ich glaube, unsere Nachbarn machen sich schon Sorgen. Sie müssen mich für einen grundsätzlich jähzornigen Menschen halten, der sogar so etwas wie «KANNST DU MAL BITTE DAS GLAS IN DIE SPÜLMASCHINE STELLEN!!!!» brüllen muss, weil er ständig wütend ist. Hoffentlich klingelt nicht eines Tages das Jugendamt an meiner Tür. Lotta würde die Klingel nicht hören.

Ich habe Lotta mal gefragt, was sie die ganze Zeit in den Ohren hat: «Ich höre Podcasts, Papa», hat sie geantwortet: «Verbrechen-Podcasts, *true crime.*» Lotta mag also Erzählungen darüber, wie ein Teenager ermordet und in einen Brückenpfeiler einbetoniert wird. Oder ein Ehemann seine Ehefrau terrorisiert, bis sie ihm ein endgültiges Pilzgericht serviert. Sie mag Geschichten wie die eines Bauern, den niemand leiden konnte, weil er ständig unfreundlich war, bis er eines Tages verschwand. Ich stelle mir vor, wie Lotta die Welt nun sieht, mit ihren blutrünstigen Geschichten im Ohr, und wie das Gesehene und das Gehörte dann in ihrer Wahrnehmung verschwimmen. Da steht dann ihr Vater mit Zornesfalte gestikulierend vor ihr, und sie hört etwa: «Als Bauer Fritze wieder mal auf seine Stallarbeiter einschimpfte, ahnte er noch nicht, dass im nächsten Moment mit einer Hacke sein Schädel eingeschlagen und er am Tag darauf von seinen eigenen Schweinen gefressen werden würde ...» Das alles habe ich mir natürlich ausgedacht. Welche Verbrechen-Podcasts sie denn genau hört, konnte ich sie nicht fragen, weil sie da schon wieder ihre Kopfhörer aufhatte.

Am Abend eines normalen Tages mit Lotta fühle ich mich heiser und leer. Und dabei gab es unter Umständen gar nichts, was mich wirklich verärgert hat. Natürlich passiert das aber auch. Neulich habe ich zum Beispiel entdeckt, dass Lotta ein sehr, sehr altes, nicht mehr waschbares T-Shirt von mir, das ich seit dreißig Jahren hüte wie einen Schatz, einfach aus meinem Schrank gezogen und als Nachthemd benutzt hat. Der Unterschied zwischen «meins» und «deins» ist für sie, wenn es um die Sachen ihres Vaters geht, einfach aufgehoben. Meistens versuche ich das zu ignorieren, aber manchmal macht es mich wirklich sauer. Ich würde dann gerne aus der Haut fahren, muss aber feststellen, dass ich ja schon die ganze Zeit aus der Haut bin. Um meine Erregung zu steigern, müsste ich vielleicht beim Brüllen die Lippen zupressen, bis mir der Kopf schwillt, ich mich aufblähe wie ein Ballon und mit einem lauten Donnerknall in tausend Stücke zerplatze. Dann würde Lotta vielleicht kurz den Stöpsel aus dem Ohr nehmen und fragen: «Is was?»

Überleben im Home-Schooling-Home-Office

Meine Frau ist schuld. Sie hatte vorgeschlagen, wir könnten doch während der Fastenzeit mal beide konsequent auf Alkohol verzichten. Ich meinte, das sei eine gute Idee. Und zwanzig Tage lang war es auch überhaupt kein Problem. Dann wurde bekannt gegeben, dass wegen des Corona-Virus die Schulen schließen, die Republik wurde auf Home-Office und Home-Schooling umgestellt – und seitdem habe ich das Gefühl, dringend einen Drink zu brauchen.

Unsere Wohnung ist zu einem Mehrgenerationen-Co-Working-Space geworden. Ich sehe auf Instagram all die putzigen Bilder, auf denen Kollegen, Influencer und Minister ihre frisch eingerichteten Home-Offices präsentieren. Darauf ist meistens ein Apple-Laptop zu sehen, oft vor einem Fenster mit hübscher Aussicht, daneben vielleicht noch eine Tasse Oolong-Tee und immer ein Strauß frischer Tulpen. Die Botschaft: Nur weil man zu Hause arbeiten muss, muss man deswegen nicht die Kontrolle über den eigenen Lifestyle verlieren und kann es sich ganz, ganz schön machen.

Nach zwei Tagen Heimarbeit konnte ich nur eines mit

Sicherheit sagen, nämlich dass ich ganz bestimmt kein Bild meines Arbeitsplatzes auf Instagram posten würde. Nicht nur, weil er unter einem Wust von Papieren, Kabeln und angebissenen Marmeladentoasts verborgen ist – sobald ich kurz wegschaue, wird außerdem von einer meiner Töchter mein Laptop geklaut. Weil sie den für ihre Hausaufgaben benötigen.

Luna, die Älteste, hat sich schon zu ihrem Freund nach München abgesetzt (vor der langen Zugfahrt war ihr etwas mulmig, weil sie in den letzten Tagen verschnupft war und Angst hatte, im Großraum-Abteil gelyncht zu werden, sobald sie mal die Nase hochzieht). Ihre drei jüngeren Geschwister harren mit uns zu Hause aus.

Ich hatte mir das Zusammenrücken mit der Familie irgendwie ganz kuschelig und gemütlich vorgestellt. Immerhin würde ich morgens keine Pausenbrote mehr schmieren und auch nicht mehr die Kleinste durch die U-Bahn in die Grundschule bugsieren müssen. Wenn wir nur genügend Nutella-Gläser im Haus hätten, würden wir schon gut über die Runden kommen. Man würde gemeinsame Muße haben, vielleicht abends auf dem Sofa fläzend Romane lesen oder Gesellschaftsspiele spielen. Ich habe mir das ein bisschen wie eine Bärenfamilie beim Überwintern vorgestellt.

Davon hat sich bislang immerhin das ständige Brummeln bewahrheitet: Meine Frau und ich sitzen vor unseren Computern und grummeln über die schlechte Übertragungsqualität der nicht enden wollenden Videokonferenzen, die Kinder grollen über ihre Hausaufgaben. Die Eltern beschweren sich darüber, dass die Kinder so negativ drauf sind. Die Kinder beschweren sich über ihre schimpfenden Eltern. Greta war die Erste, die es auf den Punkt brachte: «Ich hasse es, keine Schule zu haben!» Wie ihre Geschwister war sie überhaupt nicht davon begeistert, künftig den ganzen Tag mit ihren Eltern zubringen zu dürfen. Denn Schule ist ja nicht nur ein Ort, an dem man sich Lernstoff reinpfeifen muss, sondern auch Freundinnen und Freunde trifft.

Nun war die Schule geschlossen, weil vor der Tür das Corona-Virus umgeht. Aber es gibt keine Virus-Ferien, sondern man muss zu Hause lernen. Was wegfällt, sind also die Mitschüler. Und – ich gebe es ungerne zu – Eltern sind kein adäquater Ersatz für Schulfreunde. Ich fürchte, ich bin nicht einmal ein guter Ersatz für einen Lehrer.

Ich habe in einer Zeitung gelesen, wie man es richtig macht mit dem Heimlehren: Man soll beispielsweise einen Tagesplan festlegen. Das haben wir gemacht. Um neun Uhr sollte es Frühstück geben, ab zehn Uhr wollten wir Schulaufgaben machen. Die Kinder sollten dafür den großen Tisch im Wohnzimmer in Beschlag nehmen, die Eltern sich derweil für ihre Home-Office-Videokonferenzen und -Telefonate in die Kinderzimmer zurückziehen. Abwechselnd wollten meine Frau und ich mit Juli rechnen und lesen. In der Zeitung wurde empfohlen, dass man Arbeits- und Lernplatz räumlich trennen soll. Sich also nicht eben mal mit dem eigenen Laptop zum büffelnden Kind setzen, sondern sich voll und ganz der Bildung des Nachwuchses widmen. Denn Schüler und Schülerinnen bräuchten vor allem Strukturen, Strukturen, Strukturen. Die Zeitung empfahl sogar, den Schulgong zu simulieren:

«Kinder brauchen ein – akustisches – Signal, dass es losgeht. Holen Sie die Weihnachtsglocke aus dem Keller!» Das habe ich nicht getan. Für Juli würde die Zeit verwirrend genug werden: Wenn nun noch das Christkind den Schulalltag einläuten würde, wäre das vielleicht traumatisierend.

Das mit dem Frühstück hat gerade noch so geklappt. Aber leider nicht so richtig. Unsere Töchter frühstückten zu lange, ich musste schon in die erste Videokonferenz. Meine Frau auch. Leider war in den Kinderzimmern der WLAN-Empfang viel zu schlecht. Wir mussten also zurückkehren und die Laptops zwischen den Müslischalen platzieren. Es ist nicht so leicht, ernst und verantwortungsvoll in ein Laptop-Kameraauge zu blicken und kluge Anmerkungen zum betrieblichen Workflow zu machen, wenn neben einem eine Siebenjährige ihre Nase in den Kakao steckt und blubbert. Die Töchter weigerten sich, den großen Tisch zu räumen und sich in ihre Zimmer zurückzuziehen (sie wussten schon, dass das WLAN dort mies ist). Also arbeiteten nun Eltern und Kinder am selben Tisch zwischen Telefonnotizen und Milchpfützen.

Meine Töchter hatten alle verschiedene Lernanweisungen bekommen. Juli hatte einen ausgedruckten Wochenplan von ihrer Lehrerin erhalten: Diese Woche sollte sie das «G» und das «ß» lernen und außerdem Additionen über die Zehner-Schwelle rechnen, 7 + 8 etwa. Lotta sollte mit dem iPad Aufgaben auf einer Lernplattform bearbeiten. Greta wurde per E-Mail mit Hausaufgaben versorgt, jeder Lehrer hatte ein kleines Lernpaket geschnürt. Ich druckte ihr die Mails aus. Ich war froh, dass ich vorher noch neues Druckerpapier gekauft hatte, es war Etliches: Greta fand das irgendwie nicht gut.

«Das darf doch wohl nicht wahr sein!», schimpfte sie: «Das kann nicht deren Ernst sein!»

Ich konnte nicht widersprechen.

Kurze Zeit später fragte Greta mich nach einem bestimmten grammatikalischen Problem bei Latein. Ich konnte – immer noch videokonferierend – nur mit den Schultern zucken und sie an ihre Mutter verweisen. Die war aber auch in einer Videokonferenz. «Na toll», grollte meine Tochter.

Unterdessen traf die Aufgabe ihres Religionslehrers ein. Greta sollte das Markus-Evangelium lesen und aufschreiben, was sie daran besonders bewegend fand. Das war wohl vielleicht nur schlechtes Timing. Aber ich fürchte, dass Greta in diesem Moment die Geschichten über das Wirken Jesu nicht wirklich näher gekommen waren.

Ich hatte mittlerweile meine Videokonferenz beendet und schrieb noch ein paar E-Mails. Juli hatte sich derweil darauf verlegt, mit ihren Spielzeugpferden über die Schularbeiten ihrer Geschwister zu galoppieren. Das tat dem schwesterlichen Zusammenhalt nicht gut. Ich ging dazwischen und versuchte, Juli mit dem anstehenden Mathe-Arbeitsheft zu locken, als Lotta einen Nervenzusammenbruch bekam. Sie hatte eben den ersten großen Block auf ihrer Lernplattform absolviert. Weil aber leider die Netzverbindung abgerissen war, waren die Ergebnisse nicht gespeichert worden. Es waren aber nicht die letzten Kindertränen dieses Quarantänetages.

Ich wählte die Hotline des Internetanbieters, um eine

bessere Bandbreite zu bestellen, das wollte ich ohnehin schon lange tun. Während die Musik der Warteschleife dudelte, sagte ich mit sanfter Bestimmtheit meiner jüngsten Tochter, dass nun wirklich Zeit für Mathe sei. Den eigenen Laptop klappte ich demonstrativ zu, wegen der deutlichen räumlichen Arbeitsplatzteilung. Juli sagte, dass sie keine Lust habe. Meine Jüngste – eine Schulverweigerin. Jemand sollte mit ihren Eltern darüber reden.

Lotta schleppte zwei dicke Stumpenkerzen an, stellte sie vor mir auf den Tisch. Dann holte sie den verstaubten Globus aus Gretas Zimmer, zog eine welke rosa Rose aus dem Biomüll und legte sie zusammen mit einem vertrockneten Tannenzweig dazu, den sie auf dem Balkon gefunden hatte, vermutlich ein Rest der Weihnachtsdeko. Meine Frau und ich schauten sie entgeistert an. «Das ist ein Kunstprojekt, das wir machen sollen», erklärte Lotta ganz ruhig: «Ein Stillleben mit Kerzen.»

An der Hotline des Internetanbieters meldete sich endlich jemand. Eine größere Bandbreite zu buchen war erstaunlicherweise kein Problem. Endlich funktioniert mal etwas, dachte ich. Ich widmete mich wieder Julis Matheaufgaben, während Lotta mit meinem Handy Kunstfotos machte. Die Kerzen und den Globus räumte sie anschließend wieder weg, der trockene Tannenzweig und die welke Rose blieben liegen. Wohl auch, weil in diesem Moment eine Freundin anrief, die – was für ein Zufall – auch gerade mit einem alten Globus und Kerzen ein Stillleben arrangiert hatte.

Ich fragte Juli, was 7 + 8 sei. Juli sagte, sie wisse es nicht. Ich fragte, ob sie denn wisse, wie man das rechnen könne.

Juli ließ sich auf dem Stuhl zusammensacken, als habe man die Luft aus ihr herausgelassen. Schlaff hing der Bleistift in ihrer Hand. Sie wisse es nicht, sagte sie gereizt. Ich fragte mich, ob sie das in der Schule auch so macht. Und wie man dem als Pädagoge wohl am besten begegnet. Ich sagte ihr streng, dass sie sich gerade hinsetzen solle, dann könne man auch besser denken. Ich fühlte mich dabei wie ein Dorflehrer aus den fünfziger Jahren. Als Antwort ließ sich Juli auf den Boden gleiten. Offenbar hilft schwarze Pädagogik auch nicht. Ich erklärte ihr irgendwie, wie man «bis zur 10» rechne, also erst mal 3 addiere und dann noch mal 5. Schließlich notierte Juli in Zeitlupe «15» ins Arbeitsheft, mit einer Nachlässigkeit, die fast schon kunstfertig war: Die 1 fast waagrecht und die 5 spiegelverkehrt. Ich versuchte ruhig in den Bauch zu atmen und rechnete alle weiteren Aufgaben mit Juli in dieser Weise durch, bevor ich in die nächste Videokonferenz musste.

Danach beschwerte sich Juli weinend bei ihrer Mama: «Menno – Papa hat mich gar nicht alles machen lassen.»

Das Lesen sollte Juli später einfacher von der Hand gehen. Wir lasen aus «Mika der Wikinger». Allerdings bestand Juli darauf, dabei einen Kopfstand an der Wand zu machen. Ich gab klein bei und hielt ihr das Buch dabei verkehrt herum vor die Nase, während sich Juli mit rotem Kopf die Textzeilen entlangtastete. Ich fragte mich erneut, ob man das in der Schule genauso macht. Aber mein pädagogischer Ehrgeiz war längst verflogen. Gerade zog ich mich, weil ich noch ein paar wirklich wichtige Telefonate machen musste, mit dem Handy ins Schlafzimmer zurück. Da hörte ich einen ohrenbetäubenden Lärm aus dem

Wohnzimmer. Es war die Boombox von Greta. Sie plärrte: «Should I stay or should I go» von der Punkband «The Clash». Und alle – Greta, Lotta, Juli und meine Frau – tanzten und schüttelten ihre Frisuren dazu. Einfach, weil man sich bei all der Beengung mal den Frust aus den Gliedern schütteln muss. Ich hatte keine Ahnung, warum meine Dreizehnjährige «The Clash» kennt, aber ich tanzte einfach mit.

Eigentlich ganz cool, dachte ich, das könnte man jetzt auf Instagram posten: Wie positiv diese Familie dem Corona-Virus begegnet. Aber dann entschied ich mich, das ein anderes Mal zu machen. Es würde ja noch etliche Homeoffice-Homeschooling-Tage geben.

Ich habe im Supermarkt Tulpen gekauft, die stehen nun dekorativ auf unserem «Arbeitstisch». Und in 21 Tagen ist ja schon Ende der Fastenzeit.

«DU HAST DOCH NICHTS DAGEGEN, WENN ICH TURNE?»

Greta turnt sehr gerne, sie ist sogar in einem Turnverein. Der Turnverein mit seiner großen Turnhalle hat in der Zeit der Pandemie zu, wie alle anderen Vereine auch. Nun kann man relativ einfach ein Gebäude schließen, aber das zugehörige Bedürfnis kann man damit nicht abstellen. Gott wird nicht abgeschafft, wenn die Kirchen zu sind, die Liebe wird nicht eingestellt, wenn die Standesämter schließen. Und auch die Lust am Turnen macht keine Corona-Pause.

Seitdem turnt Greta im Wohnzimmer. Wohnzimmer und Turnhallen haben unterschiedliche Ausstattungen. Zum Beispiel eignen sich Turnhallen nicht so gut dazu, dass man sich darin auf einem Sofa langmacht, die Beine hochlegt und eine Folge Netflix guckt, während man Gummibärchen aus einer Tüte angelt. Man stelle sich vor, alle Wohnzimmer in Deutschland wären per Erlass geschlossen worden, und wir müssten uns zum Netflix-Gucken in Turnhallen treffen. Das wäre bestimmt die größere Katastrophe. So aber sind die Wohnzimmer offen geblieben, und man muss für die sportliche Betätigung genau dorthin. Das ist im Vergleich nur eine ganz kleine Katastrophe.

Ende letzten Jahres haben wir ein neues Sofa gekauft. Der Händler betonte, das Obermaterial sei *sehr* empfindlich. Und als er erfuhr, dass ich vier Kinder habe, bekam sein Blick etwas leicht Hysterisches. Er sagte, dass man wirklich aufpassen müsse und bloß nicht mit dreckigen Fingern an das *sehr* empfindliche Obermaterial kommen dürfe. Meine Kinder hätten keine dreckigen Finger, entgegnete ich etwas beleidigt. Und ich sollte recht behalten. Wenn sich Greta nach einer Radwende in das Sofa klatschen lässt, sind ihre Finger dabei stets sauber. «Du hast doch nichts dagegen, wenn ich kurz turne?», fragt Greta, und schon wirbeln ihre Beine durch die Luft, und man muss sich schnell wegducken, um nicht von einem Fuß getroffen zu werden.

Ich würde gerne sagen, dass ich das alles mit Gleichmut und einem Lächeln hinnehme. Aber so ist es nicht. Ständig bin ich am Mosern. Ich weise genervt darauf hin, dass dies ein *sehr* empfindliches Sofa und keine Turnmatte sei. Ich erinnere daran, dass wir auch Nachbarn haben, die von dem Gehüpfe genervt sein könnten. Und außerdem könne Greta sich oder anderen (mir) weh tun. Ich komme mir vor wie ein muffiger Rentner, der sich aufregt, wenn die Kinder im Hof Fußball spielen. Dabei habe ich ja nicht einmal Kinder, die kicken wollen, sie wollen nur turnen. So habe ich mir die Quarantäne nicht vorgestellt. So völlig ohne Muße. Je agiler Greta wird, desto älter fühle ich mich.

Greta hat neulich Geburtstag gehabt. Sie hat sich eine luftgefüllte Turnmatte gewünscht und sie auch bekommen. Das Teil ist drei Meter lang und füllt das Wohnzimmer komplett aus. Nun hat der Raum tatsächlich mehr von einer Turnhalle als von einem Wohnzimmer. Greta übt jetzt, ein Rad ohne Zuhilfenahme der Arme zu schlagen. Ich würde mich gerne mit angezogenen Beinen auf das Sofa zurückziehen, aber Greta braucht auch den meisten Platz auf dem Sofa, zum Beispiel, um dort den Laptop hinzustellen. Auf dem Bildschirm laufen dann Streams aus Fitness-Studios, und es werden Burpees und Sit-ups geübt, bis der Schweiß fließt.

Greta hat zu mir gesagt, ich könne ja einfach mitmachen. Wir haben dann einen Bauch-Beine-Po-Workout zusammen absolviert. Ich musste dabei ganz schön ächzen, mein Schweiß tropfte auf den Teppich.

Ich freue mich schon auf das Ende der Krise. Denn wenn Greta wieder außer Haus turnt, kann ich endlich wieder in Ruhe zu Hause bleiben.

«Ich will keinen Videochat mit dir»

Luna war bei ihrem Freund in München und wartete dort auf das Ende der Corona-Krise. Ich glaube, wir haben uns noch nie so lange nicht gesehen. Wir telefonieren und schreiben uns Nachrichten, wir halten keine Videochats. «Mit dir mag ich keine FaceTime-Übertragungen machen», meinte Luna. Ich antwortete, es gehe mir genauso. Dabei hat sich diese Gesprächsform ja spätestens mit der Corona-Krise total etabliert. Mit den Arbeitgebern macht man Videokonferenzen. Mit den Schwiegereltern trifft man sich im Skype-Dialog. Neulich wurden meine Frau und ich zu einer Cocktailparty eingeladen, die vor dem Bildschirm stattfand. Man trank ein eigenes Getränk und prostete dem Gastgeber zu. Kürzlich gab es sogar ein Kindermeeting. Ich höre immer wieder, wie erstaunlich das doch sei und was dabei alles gehe. Man könne einander sehen, man könne miteinander sprechen, man könne sich irgendwie sogar «nahe» sein.

Ich vermisse meine Tochter und finde, all das funktioniert nicht. Man kann sich nicht nahe sein, wenn man ein Videobild sieht. Es ist etwas anderes, als eine Umarmung zu spüren oder mitzubekommen, wie jemand atmet. Ich fürchte, das Videogewackel ist allzu oft ein schlechtes Substitut für echten Kontakt. Gleichzeitig ist es der totale Zugriff auf den anderen. Schließlich offenbart man fast alles: das eigene Gesicht, den Raum, in dem man sich befindet, was man anhat und ob man aufgeräumt hat. Ich frage mich, ob das auch nach der Corona-Krise die Norm sein wird, wie wir uns unterhalten. Wir werden dann mit Freunden viel über Lichtverhältnisse, Wohnungswände, Übertragungsqualitäten sprechen. Über Nebensächliches, einfach weil das Medium einen dazu einlädt.

Luna und ich haben bislang in derselben Stadt gewohnt, und es war immer möglich, einander zu sehen, wenn man das wollte. Alles Schwere hat sich nach einem gemeinsamen Spaziergang leichter angefühlt. Nun finden diese Spaziergänge nicht mehr statt. Das gibt mir eine Vorahnung auf die Zeit, da Luna einmal tatsächlich unerreichbar für mich sein wird, getrennt nicht durch eine temporäre Krise, sondern durch das Leben und wie es so geht.

Ein schmerzliches Ziehen, das nie ganz aufhört. Vielleicht aus einer inneren Unruhe heraus rufe ich sie jeden Tag an, auch wenn es gar keinen wirklichen Grund gibt. Einfach um ein Gefühl zu bekommen, ob alles okay ist.

Luna und mir ist es wichtig zu sprechen, die Geschichten des anderen zu hören und auf Stimmungslagen zu reagieren. Zu wissen, was den anderen gerade traurig macht, ärgert oder glücklich macht. Ich würde es nicht besser verstehen, wenn ich meine Tochter auf einem Monitor sähe. Denn es ist auch wichtig, die Distanz zu spüren. Den Schmerz, den die Ferne verursacht. Die Kilometer, die plötzlich zwischen uns liegen.

«O nein, der Roboter kommt!»

Wochenlang waren wir mit einer für mich persönlich schwer überschaubaren Zahl von Töchtern in der Wohnung eingeschlossen. Und wenn man nicht ständig wie eine Fee durch die Zimmer schwebt und Kleidung vom Boden aufklaubt, Pfützen aufwischt und dreckiges Geschirr abräumt, droht die Entropie in unserem Haushalt so groß zu werden, dass ich fürchte, er könnte biologisch umkippen. Ich bin vielleicht weniger eine Putz-Fee, eher ein Putz-Ork, der jedes Stäubchen, das er entfernt, mit einem wütenden Grunzen begleitet.

Die Töchter sind zwar insgesamt wenig für Ordnungsfragen zu begeistern, aber grundsätzlich haben sie ein schlechtes Gewissen, wenn sie einfach alles unordentlich zurücklassen. Außer Juli. Sie lehnt Aufräumen aus politischen Gründen ab: «Ich will, dass es unordentlich ist!», poltert sie dann.

Ich habe nun für Verstärkung gesorgt. Sie kam in Form einer Maschine, die aussieht wie ein überzüchteter Eishockey-Puck. Es ist ein Staubsaug-Roboter. Juli hat ihn sofort ins Herz geschlossen. Sie hat ihn «Rolli» getauft. Rolli wohnt in seiner Ladestation unter dem Sofa. «Rolli ist so klein und so süß!», lobt meine Tochter. Ich glaube, sie ist froh, dass es nun jemanden im Haushalt gibt, der noch kleiner ist als sie. Manchmal setzt sie sich mit einem Bilderbuch neben den automatischen Sauger und liest ihm mit aller Mühe eine Gutenachtgeschichte vor. Manchmal fährt der Reinigungsroboter überraschend aus seiner Station heraus und dreht sich langsam einige Male um sich selbst, bevor er wieder zu seinen Stromkontakten zurückfindet. «Psst, jetzt habt ihr Rolli aufgeweckt», herrscht Juli dann die Familie an und wendet sich an ihn: «Jetzt geh wieder schön schlafen, Rolli.»

Nur eines mag sie nicht: wenn Rolli seinen Job macht. So ein Roboter hat leider keinen Sinn für ein Picknick, das Puppen gerade auf dem Wohnzimmerteppich abhalten, und pflügt rücksichtslos durch das Idyll. «Rolli, was machst du da?», ruft Juli dann entsetzt. Am übelsten findet sie es, wenn Rolli eine Grundreinigung der Wohnung vornimmt – inklusive ihres Zimmers. «O nein, der Roboter kommt!», wehklagt unsere Tochter, wenn sie Rolli heransurren hört. Dann versucht sie, ihre Habe in Sicherheit zu bringen. So wie man Sachen vor einem heranktabbelnden Kleinkind wegräumen würde. Manchmal erwischt der Sauger aber trotzdem ein kleines Schleich-Tier, das dann in seinen Bürsten hängen bleibt. Wenn das passiert, knattert er und eiert fürchterlich. «Mama! Papa! Rolli hat sich verschluckt!», jammert Juli. Sie fürchtet nicht um ihr Spielzeug, sie fürchtet um Rolli. Irgendwie hat die Kleine ein Verhältnis zu diesem Gerät wie eine Mutter zu ihrem Kind. Und tatsächlich ist ein Staubsauger eine Art Kind, das die Tendenz hat, ziemlich viele Dinge zu verschlucken.

Im Grunde finde ich es ja auch ganz gerecht, dass Juli mal erfährt, wie das mit dem Nachwuchs so ist: Man ist ständig besorgt um das kleine Wesen und hat auch ein bisschen Angst vor ihm. Weil es so frei und völlig ungebremst im Kopf ist. Weil es all die Beschränkungen missachtet, die unsere Welt ausmachen. Genauso ist Juli immer bemüht darum, den kleinen, eifrig saugenden Roboter glücklich zu machen. Gleichzeitig hat sie einen Riesenrespekt vor ihm: vor seinem Anarchismus und seiner sturen Rücksichtslosigkeit. Irgendwo dazwischen glüht ihre tiefe Liebe zu Rolli. Ich ahne auch, woraus sie sich nährt: So anstrengend Kinder auch sein mögen, man meint immer, die eigenen Charaktereigenschaften in ihnen wiederzuerkennen.

«ICH BIN NICHT FRESH»

Wenn man Lotta glaubt, habe ich vor allem ein Problem: Ich bin nicht fresh. Ich könnte vielleicht das eine oder andere tun, damit ich etwas fresher würde, aber so wie ich es gerade anstelle, wird es nichts. Ich wäre vielleicht etwa fresher, wenn ich etwas größer oder etwas breiter wäre. Aber das allein ist es nicht. Denn Lotta ist ja auch nicht groß und auch nicht breit, aber trotzdem fresh. Sagt jedenfalls Lotta. Im Gegensatz zu mir: «Du bist halt eben mal so gar nicht fresh, Papa», findet Lotta.

Sie moniert etwa, dass ich mich immer zu sehr aufrege. Ich rege mich über Kleinigkeiten auf. Zum Beispiel, wenn jemand sich in der Küche ein paar Pfannkuchen macht, aber dann die Eierschalen einfach liegen lässt und der Boden mit Mehl bestäubt ist. Deswegen herumzuzetern, ist extrem unfresh. Wer fresh ist, den berühren solche Winzigkeiten gar nicht. Der sieht das nicht einmal. So wie Lotta. Wenn ich fresh wäre, dann wäre ich derjenige, der mal eben ein paar Kuchen in die Pfanne haut. So wie Lotta.

In der Corona-Krise ist es leider so, dass freshe Leute viele freshe Sachen nicht mehr machen können. Zum Beispiel, mit anderen ebenso freshen Menschen irgendwo im

Park abhängen und Musik hören. Man kann nur noch in der Wohnung sitzen und Musik hören, so lange jedenfalls, bis der Vater kommt und sich wieder kleinlich über den Krach aufregt.

Lotta meint, man könne auch in der Corona-Zeit fresh bleiben. Das lässt hoffen. Man mache das etwa über Instagram, oder wie Lotta sagt: «Insta.» Das ist nämlich das Wichtigste beim Freshsein: Man muss sich kurzfassen. Unfreshe Leute labern, wegen jeder Petitesse holen sie weit aus. Freshe Leute hingegen geben nur das Allernötigste von sich. Sie schreiben niemals Zahlen und Wörter aus. Statt «eine sehr gute Freundin» schreiben sie «1 BFF», einfach weil man Besseres zu tun hat, als sich die Finger wund zu tippen. Dafür hat Lotta mehrere Insta-Channels: einen offiziellen Kanal und einen privaten. Auf dem privaten ist sie die ganze Zeit mit ihren besten Buddys verbunden und stellt Fotos drauf, die zeigen, dass sie Spaß hat und es ihr auch total egal ist, ob sie dabei komisch aussieht. Wenn sie die Lösung in einer Schulaufgabe hat, dann geizt sie nicht mit den Ergebnissen. Denn es gibt nichts Unfresheres als Geiz. Daneben gibt es den offiziellen Kanal. Auf dem offiziellen Kanal hat Lotta einige sehr aufgeräumte, perfekt ausgeleuchtete Bilder, mit dekorativer Lichtkante in Sonnenuntergangsstimmung. Gerade so, als hätte ein Profifotograf sie gemacht. Auf diesem Kanal postet sie sehr, sehr selten etwas. Ich kann das nur so von Lotta wiedergeben, denn selbstredend bin ich für beide Kanäle gesperrt. Denn auch das ist wichtig: Zum Freshsein gehört, die unfreshen Leute ein bisschen auf Distanz zu halten.

Um von Lotta nicht mehr geblockt zu werden, müsste ich wahrscheinlich etwas aufregender werden. Es wäre vielleicht für mich ein erster Schritt, selbst einen Instagram-Kanal zu eröffnen, auf dem ich auch tolle Sachen für meine Buddys mache. Aber mir ist völlig unklar, was ich dort machen könnte. Denn laut Lotta ist mein Leben etwa so fresh wie das eines Käfers. Sogar mein Gang ist unfresh, sagt meine Tochter. Wenn ich mich zu Musik bewegte, dann schreit Lotta sofort, ich solle damit aufhören. Wenn ich singe, ist das laut meiner Tochter das Furchtbarste, was man hören kann. Immer wenn ich versuche, was Freshes zu tun, mache ich es offenbar nur noch schlimmer.

Langsam habe ich den Verdacht, Lotta macht es mit Absicht: mich die ganze Zeit für mein Unfreshsein zu kritisieren. Denn eines braucht der Freshe mehr als alles andere: die Megaunfreshen, von denen er sich abheben kann.

«Ich habe gezockt, Papa!»

Die Wohnung, in der Luna mit ihrem Freund in Quarantäne war, hat ganze 27 Quadratmeter. Das ist deutlich mehr Raum als z. B. eine Gefängniszelle – aber eigentlich doch ganz schön wenig, wie ich finde. Ich würde es mit einem anderen Menschen in einem so engen Raum keinen Tag aushalten. Ich fragte Luna, was sie die ganze Zeit gemacht hat.

«Ich habe gezockt, Papa», antwortete sie.

Ich verstand nicht. In meiner Naivität dachte ich zuerst, Luna spiele mit ihrem Freund Karten. Aber sie hingen zusammen vor der Xbox. Luna hat das Spiel Borderlands 3 durchgespielt. Bei Borderlands 3 geht es darum, in möglichst kurzer Zeit möglichst viele Gegner zu erledigen. Und zwar mit möglichst vielen Waffen. Es ist ein sogenannter «Looter Shooter». Das bedeutet, man streift umher, ballert sich durch die Welt und sammelt umso mehr Belohnungen ein, je größer die Blutspur ist, die man hinter sich herzieht. Was bedeutet, dass ein Looter Shooter in einer Welt spielt, die der, die ich meinen Kindern zu vermitteln versuche, diametral entgegensteht. Ich nämlich war stets darum bemüht, meinen Kindern zu vermitteln, möglichst viel Gutes zu tun, um belohnt zu werden. Nicht etwa jemandem «den Schädel wegzublasen». Ja, Gegnern den Schädel wegblasen! So genau hat das Luna ausgedrückt, als ich sie fragte, was denn an diesem Spiel so reizvoll sei.

Dabei findet Luna schon das Wort «Blutspur» übertrieben. Denn in ihrem Shooter fließt eigentlich kein Blut. Es ist eine knallbunte, an einen Manga-Comic erinnernde Welt, in der man mit grotesken Waffen gegen Wesen kämpft, über deren Bösewichtigkeit es keinen Zweifel geben kann. Laut Luna sind es «Fanatiker, Märtyrer und Psychos», gegen die sie in ihrem Kampfspiel anballern muss. Und zwar beiderlei Geschlechts, flankiert von Monstern, mit denen man Genderfragen gar nicht erst diskutieren will.

Ich fragte Luna, ob es nicht negative psychische Auswirkungen habe, wenn man die ganze Zeit mit einer von «Bazillionen» (Herstellerangabe) Waffen um sich schieße.

«Nein, das ist sogar durchaus entspannend», sagte meine Tochter. Gerade wenn man als Paar auf engstem Raum zurechtkommen müsse, habe es etwas sehr Verbindendes, gemeinsam eine Horde von Feinden niederzumähen. Außerdem gehe es dabei auch ein bisschen darum, Ängste zu überwinden. «Am Anfang war ich sehr schreckhaft, aber jetzt bin ich viel ruhiger und kaltblütiger, wenn ich von Psychos und Fanatikern bestürmt werde.»

In diesem Moment dachte ich, dass ich das bestimmt auch gut brauchen könnte: Ruhe im Angesicht von Psychos und Fanatikern, gerade in dieser prekären Zeit. Vielleicht kann einen so ein Computerspiel ja wirklich für das Leben da draußen wappnen?

Videospiele sind heute längst nicht mehr ein Thema der

Kindergeneration. Es gibt ja auch eine intensiv spielende Vätergeneration! Als ich ein kleiner Junge war, hatten alle Kinder in der Nachbarschaft einen Computer, auf dem sie die ganze Zeit zockten. Meine Eltern waren, wie bereits erwähnt, streng dagegen. Als ich endlich so alt war, einen eigenen Computer zu besitzen und Spiele zu spielen, war ich wie ein aus dem Keller entlassener Kaspar Hauser. Meine motorischen Fähigkeiten am Game-Controller waren unterentwickelt, und immer wenn ich versuchte, mich in einem Autorennen zu messen, oder gar in Spielen wie «Street Fighter» gegen einen Kombattanten antrat, war ich nach kurzer Zeit k. o. . Ich war noch keine zwanzig und gehörte schon zur abgehängten Generation. Seitdem versuchte ich mir einzureden, dass Computerspiele schädlich oder zumindest stumpf sind. Oder ungesund.

Nun aber habe ich gelesen, dass sogar neuerdings die WHO Videospiele empfiehlt. Jugendliche könnten so miteinander in Kontakt treten, ohne vor die Tür zu müssen. Und laut meiner Tochter lernt man dabei auch, mit immer stärkeren Gegnern fertigzuwerden.

Luna spielt noch ein zweites Spiel. Es heißt «Animal Crossing». Dabei lebt man in einem kleinen Dorf und muss arbeiten, um sein Häuschen abzubezahlen. Hin und wieder hat man Pech und wird von einer Wespe gestochen. Luna hat mir angeboten, mich da einzuführen. Aber ich habe das Gefühl, ich spiele es schon mein Leben lang.

«Sag doch einfach Hausaufgaben!»

Greta mag nicht, wie ich das Wort Homeschooling ausspreche. Sie findet, ich setze die Betonung zu sehr auf die Silbe «Home»: «HOMEschooling.» Als ob es etwas unerhört Verrücktes sei, dass ein Kind ZU HAUSE beschult werde. Oder vielleicht auch, dass Eltern sich nun auch noch darum kümmern müssten: um die Schule.

Ich fürchte, Greta meint, ich würde mich damit aufspielen, dass die Schule in den vergangenen Wochen vor allem in unserer Wohnung stattfand – obgleich ich ja nicht viel mehr machen musste als sonst auch. Die ganzen Aufgaben müssten ja immer noch die Kinder bearbeiten. «Sag doch einfach: Hausaufgaben machen, Papa.» Sie meint, HOME*office* bedeute ja auch nur, zu Hause vor dem Computer zu sitzen und mit Kollegen zu labern. Mit dem Unterschied: Beim HOMEoffice gebe es Geld und beim HOMEschooling nicht.

Nun muss ich zugeben, dass ich tatsächlich gerne erwähne, was für eine Mehrfachbelastung es ist, für die Kinder jetzt auch noch als Lehrer da zu sein. Aber in Wirklichkeit weiß ich über ihre Schulaufgaben oft nur so viel, dass sie dafür ständig meinen Computer brauchen – den ich ihnen dann mit verdrehten Augen abtrete. Doch so laut, wie ich klage, könnte bei meinen Gesprächspartnern die Vorstellung entstehen, wir hätten eine Schultafel im Wohnzimmer aufgebaut, an der ich nun stehe und meine davor aufgereihten Töchter Algebra und Latein lehre. Während ich gleichzeitig noch den wichtigen Job in meinem HOMEoffice zu stemmen habe. Dabei weiß ich kaum, was Algebra ist, und das einzige lateinische Wort, das ich regelmäßig nutze, ist Basilikum.

Es fehlt in der Corona-Krise nicht an klagenden Eltern. Aber ich fürchte, die Kinder hätten mehr Grund, sich zu beschweren. Greta fand es erst nett, dass die Schule ausfiel. Mittlerweile ist sie ein Fan der Schulpflicht. Dort kann sie nämlich mal andere Leute sehen als ihre Eltern. Inzwischen gibt es etwa einmal die Woche einen Schultag. Wenn ein Schulbesuch ansteht, dann bereitet Greta am Vorabend aufwendig ihr Schulbrot zu. So, als ob ein Ausflug anstünde. In der Schule haben sie eine Desinfektionsanlage mit Waschbecken installiert. Die Klassen sind geviertelt worden, und die Schüler haben zeitversetzt Unterricht. Wenn die Englischlehrerin also sonst eine Stunde für eine Lektion benötigt, dauert es nun vier Stunden, bis sie alle Schüler erreicht hat. Neuer Stoff darf nur durch den Lehrer vermittelt, zu Hause bloß wiederholt werden. Es wäre vielleicht effektiver, wenn man die Klassen per Videounterricht erreichen könnte – andererseits verstehe ich: Schule hat auch etwas mit direkter Interaktion zwischen Menschen zu tun.

Es ist ungewiss, wie viel Schulstoff durch Corona nicht vermittelt wird. Der von Monaten? Einem Vierteljahr? Der

Bildungsökonom Ludger Wößmann sagt, dass statistisch gesehen jedes Jahr zusätzlichen Unterrichts das spätere Einkommen um zehn Prozent steigere – und auch fehlender Unterricht sich auswirke. Was schade wäre, weil wir für die kommenden Generationen gerade einen riesigen Schuldenberg anhäufen. Aber unsere Kinder kennen es ja nicht anders. Sie mussten schon bei *Fridays for Future* lernen, dass die Elterngeneration ihnen etliche Probleme hinterlässt.

Greta könnte jammern, aber sie meckert nicht, sie wartet auf den nächsten Schultag. Nach den Sommerferien soll es normal weitergehen – jedenfalls bis das Virus wiederkommt. Statt mich zu beschweren, könnte ich einfach aufhören, «HOMEschooling» zu sagen. Kennt jemand ein besseres Wort?

«Ich faste Smartphone»

Luna sagt, sie mache nun Detox. «Detox» bedeutet Entgiftung. Ich erschrak ein wenig. Wie kann man als junger Mensch davon ausgehen, dass der eigene Körper schon so eine Art Gifthalde ist? Wie man sich als Zwanzigjährige entgiften lassen möchte, ist mir schleierhaft. Wie man überhaupt auf die Idee kommen kann.

Als ich zwanzig Jahre alt war, war ich eher erpicht darauf, so viele ungesunde Substanzen wie möglich in mich reinzupfeifen. Der vergiftete Zustand war der allerbeste. Und wenn man Menschen traf, die entgifteten, dann waren die meistens schlecht gelaunt wegen des Sauerkrautsaftes, den sie trinken mussten.

«Nein, ich meine doch nicht so einen Detox», sagt Luna, «ich meine Smartphone-Fasten.»

«Ach so», sage ich, «Smartphone-Fasten ist natürlich etwas ganz anderes.»

Die vergangenen Monate waren ja eine Zeit der Smartphone-Völlerei. Alle guten Vorsätze, die man in Richtung geringerer Bildschirmzeiten hatte, waren während der Corona-Epidemie zusammengebrochen. Man verbrachte den Tag in Videokonferenzen und die Abende mit Netflix.

Die einzige Abwechslung war, mal vom Smartphone aufs Notebook zu wechseln und zurück. Die ganze Familie verbrachte ihre Tage auf Pixel starrend. Kein Wunder, dass Luna das Bedürfnis hat, sich davon auch mal zu lösen. «Ich habe schon so unglaublich viel Zeit mit YouTube verschwendet, es ist kaum auszuhalten!», regt sie sich auf. «Man kann Stunden damit verbringen und hat nachher doch das Gefühl, alles verpasst zu haben.»

«Detox» bedeute, dass man es vier Tage lang schaffen müsse, nicht auf das Handy zu gucken. Dann erst sei man gewissermaßen innerlich gereinigt. Das Handy nämlich wirke direkt auf das Belohnungssystem im Hirn, auf den Nucleus accumbens. Immer wenn etwas Erfreuliches passiere, schütte der Nucleus accumbens Dopamin aus. Und wenn der Dopaminspiegel wieder sinke, dann habe man das Gefühl, man müsse sofort wieder auf das Handy gucken. Also werde man gewissermaßen smartphonesüchtig.

Ich frage Luna, woher sie das hat.

«Aus dem Internet natürlich», sagt sie. Die erste Zeit sei hart, sagt Luna, aber nach und nach vergehe im Kopf der Reflex, sofort auf das Handy zu gucken, wenn man nur einen Moment nicht abgelenkt sei. Dann werde das Denken wieder ruhiger und entspannter. Man könne sich besser konzentrieren. Auf ein Buch, auf ein Gespräch, auf das Leben eben und auf die Dinge, die wirklich wichtig sind.

Luna bittet mich also, vier Tage nicht anzurufen. Keine SMS, nichts. Ich verspreche es.

Am nächsten Tag ruft Luna an. Ich frage erstaunt nach, was denn mit der Funk-Fastenkur sei.

«Oh», sagt Luna, es sei ihr aufgefallen, dass es ziemlich hart wäre, vier Tage überhaupt nicht zu kommunizieren. Sie habe sich dazu entschlossen, eher mal ein paar Apps, mit denen sie zu viel Zeit verbringe, zu löschen. Das habe sie jetzt gemacht.

Am nächsten Tag frage ich sie, welche Apps sie eigentlich gelöscht habe.

Sie sagt, sie habe die Apps mittlerweile schon wieder installiert und pausiere mit dem Detox. Kein Handy zu nutzen bedeute ja auch, mit vielen Leuten, die man möge, keinen Kontakt zu haben. Und das könne ja eigentlich nicht das Ziel sein, oder?

Ich verstehe sie gut. Einsamkeit ist eine bittere Pille und das Smartphone ein süßes Gift. Und immerhin ist Lunas übriges Leben total gedetoxt: alles bio und veggie und kein Alkohol. Irgendein Tox muss einem ja bleiben.

«PAPA, BIST DU EIN MUSKELTIER?»

Es gibt Situationen, da möchte ich nicht gerne mit Juli zusammen sein. Zum Beispiel bei körperlichen Ertüchtigungen, oder wie man das heute nennt: «Workouts.»

Ich habe versucht, Workouts zu machen, als die Fitnessstudios wegen der Pandemie schließen mussten. Und eigentlich finde ich es gar nicht schlecht. Man bewegt sich zu einem YouTube-Video aus dem Internet. Und verausgabt sich dabei, ohne sich neben den zwanzig Jahre Jüngeren mit ihren definierten Körpern blöd vorzukommen.

Es gibt ja Menschen, die genießen es, wenn andere ihnen bei Fitnessübungen zuschauen. Ich sehe sie, wenn sie an öffentlichen Turngeräten im Park Klimmzüge machen. So viel kann ich über den weiteren Verlauf meines Lebens schon sagen: Ich werde nie freiwillig an einer Reckstange im Park Klimmzüge machen. Es gibt auch Menschen, die gut dabei aussehen, wenn sie Sport machen. Ich aber komme mir vor wie jemand, der gerade an einem Stück Knochen erstickt, hechelnd, schwitzend. Dabei bin ich lieber alleine.

Das Problem ist nur, Video-Workouts für Männer werden stets von Männern vorgeführt, deren Unterarme so dick sind wie meine Oberschenkel. Vom Bildschirm ertönen Sätze wie: «Und jetzt machen wir einen Hantel-Workout, der in zwanzig Minuten deine Oberkörpermuskulatur total zerstört.» So redet man in Workout-Kreisen.

Ich ziehe mich mit meinem Computer und einer Gymnastik-Matte ins Schlafzimmer zurück und beginne mit denselben Kniebeugen, die der Mann auf dem Bildschirm macht. Da kommt Juli herein.

«Was machst du denn da?»

«Ich mache einen Workout», keuche ich.

«Einen was?» Juli guckt, als zweifle sie an meiner geistigen Gesundheit.

«Einen Workout!!»

«Hä?»

«Ich mache Sport!»

«Das ist Sport?»

Ich antworte nicht, denn ich muss schon mit den Liegestützen weitermachen.

«Darf ich mich auf deinen Rücken setzen?», fragt Juli.

«Bloß nicht», antworte ich atemlos. Es fällt mir ja schon schwer genug, meinen eigenen Körper zu tragen.

Juli setzt sich neben mich auf das Bett und guckt sich mein Training an. Ich versuche so zu tun, als würde mir das gar nichts ausmachen, aber es tut es doch.

«Schwitzt du eigentlich?»

«Äh, nein, ich schwitze nicht.»

Aber das ist ja gelogen, wie Juli sehr richtig bemerkt: «Du schwitzt aber doch, guck mal, deine Matte ist ja nass! Iiiiieeh! Hihi!»

Jetzt macht Juli die Sache langsam Freude. Ich bin bei den Sit-ups.

«Bist du eigentlich ein Muskeltier?»

«Ein was?»

«Eins von den drei Muskeltieren.»

«Nein, das heißt drei Musketiere – das sind Soldaten mit Gewehren», erkläre ich, dem Zusammenbruch nahe.

«Dann bist du kein Muskeltier?» Juli guckt auf den Mann, der auf dem Bildschirm nun Trizeps-Liegestütz macht. «Das ist aber ein Muskeltier!»

Ich versuche auch, Trizeps-Liegestütze zu machen.

«Guck mal, der hat viel mehr Muskeln als du.»

«Ja, der macht auch viel mehr Liegestütze als ich.»

Juli guckt weiter interessiert auf das Geschehen: «Der macht die Liegestütze aber auch ganz anders als du.»

Ich kann kaum noch sprechen. «Das... sind die selben...»

«Guck mal, du musst ganz runtergehen und mit dem Hintern so hoch, ich glaub, du machst das nicht richtig.»

«Doch, ich...»

«Du musst das so machen wie der da!»

Der Trainer dreht sich nun auf den Rücken und stemmt seine Beine zur Kerze hoch. Ich drehe mich ebenfalls auf den Rücken und bleibe liegen, als ob ich gestürzt wäre.

«Papa, wozu braucht man Muskeln eigentlich?»

«Damit man Sport machen kann, glaube ich.»

«Und wenn du irgendwann mal Muskeln hast, kannst du dann auch Sport machen?»

Die Fitnessstudios haben bald übrigens wieder geöffnet. Ein Glück.

GUTE NACHT

Ich staune manchmal darüber, wie viel schneller die Dinge gehen seit der Digitalisierung. Früher musste man für ein Meeting eine Dienstreise antreten, heute trifft man sich auf Zoom. Ich komme ja noch aus der Zeit der Schreibmaschine. Ich habe gelernt, einen Papierbogen einzuspannen, auf Tasten zu hauen und Fehler mit Tipp-Ex zu korrigieren. Ich weiß noch, was es heißt, einen Brieffreund zu haben, und wie weit der Weg zur nächsten Telefonzelle ist. Ich kenne noch eine Welt, in der man nicht online einkaufen und in der man einen Film nicht streamen kann, sondern ihn in einer Videothek ausleihen muss. All dies, was heute geht und früher nicht ging, spart Zeit.

Was fange ich eigentlich mit der ganzen Zeit an? Ich müsste doch im Grunde Zeitmillionär sein. Ich müsste, so wie Dagobert Duck einen Geldspeicher hatte, über einen Zeitspeicher verfügen, in dem ich erquickende Zeitbäder nehmen kann: Zeit für mich, Zeit für die Kinder. Aber die Wahrheit ist, ich habe gar keine Zeit, ich habe für alles zu wenig Zeit, auch für unsere Töchter.

Denn all die Geräte, die mich umgeben, wollen bedient werden. Sie wollen, dass ich sie in die Hand nehme und etwas in sie hineintippe oder -spreche. Manchmal denke ich, sie sind eigene Lebewesen, die auf der Erde gelandet sind und sich von der Zeit der Leute ernähren. Je mehr Geräte ich habe, desto weniger Zeit.

Wann entspanne ich eigentlich? Ich könnte ein Buch lesen, ich könnte Fernsehen gucken am Abend. So wie meine Eltern damals: Wenn der Tag zu Ende ging, hatten sie ein Ritual. Sie ließen sich von mir eine Flasche Bier aus dem Keller bringen und setzten sich damit vor den Fernseher, um die «Tagesschau» zu gucken. In der Tagesschau gab es Nachrichten über die Biathlon-WM und über Pershing-II-Raketen. Dann kam das Wetter. Und dann schalteten sie ins ZDF, um Derrick zu sehen. Der Krimi war natürlich für uns Kinder tabu. Wir durften zwar die Nachrichten angucken, wo es im Zweifelsfall auch Tote gab, wahrscheinlich sogar mehr als bei Derrick . Aber nach der Tagesschau war Schluss für uns.

Ich habe erst später erfahren, was dahintersteckte. Meine Eltern wollten einfach ihre Ruhe haben. Es dauerte lange, bis ich das verstanden habe. Nämlich so lange, bis ich selbst Kinder hatte und am Abend Ruhe vor hohen Stimmen haben möchte.

Dabei habe ich einen Vorteil gegenüber meinen Eltern: Damals gab es nur ein Unterhaltungsmedium im Haushalt, den Fernseher. Heute hat jedes Kind ein eigenes Bildschirmgerät. Sie können abends ihr eigenes Programm gucken, sie brauchen mich nicht dazu. Außer Juli: Juli hat schließlich kein Handy. Aber immerhin hat sie die «Teigerbox», wie sie sagt.

Diese Tigerbox, wie sie eigentlich heißt, ist eine Art

Lautsprecher mit Holzfurnierverkleidung und nett abgerundeten Ecken. Ihr Onkel hat sie ihr zu Weihnachten geschenkt. Der Lautsprecher kann Geschichten und Märchen erzählen. Dazu braucht er nichts als eine Bluetooth-Verbindung zu Papas Handy. Wenn Juli ins Bett geht, soll Papa eine hübsche Geschichte auf Spotify aussuchen. Danach darf das Handy natürlich nicht aus der Bluetooth-Reichweite herausbewegt werden. Wenn mein Handy neben meinem Bett liegt, dann reicht es gerade so. Nachdem alles gerichtet ist, geht Juli mit dem Lautsprecher in ihr Bett und lässt sich von ihm eine Geschichte erzählen. Drei Minuten später steht sie wieder vor mir.

«Papa, die Geschichte ist mir zu gruselig.»

«Aber du wolltest doch das Sams.»

«Ja, aber das ist mir zu gruselig.»

«Das ist doch überhaupt keine gruselige Geschichte.»

«Doch.»

«Na, egal, was soll ich denn sonst aussuchen?»

«Die drei Ausrufezeichen und die Kammer des Schreckens.»

«Aber das ist doch viel gruseliger!»

«Aber ich will das hören.»

Ich suche ihr also bei Spotify die entsprechende «Drei !!!»-Folge raus. Dann schicke ich Juli mit der Tigerbox zurück ins Bett.

Inzwischen habe ich mir auch meinen Schlafanzug angezogen. Heute guckt man ja nicht mehr im Wohnzimmer Fernsehen, sondern auf dem Laptop im Bett, der Film kommt frisch aus der Mediathek. Das Schlafzimmer ist der letzte Rückzugsort für moderne Eltern. Man kann noch etwas anschauen, bevor man in seinen wohlverdienten Schlaf fällt. Leider wissen die Kinder aber nicht, dass das Schlafzimmer ein besonders privater Raum ist. Für sie ist es einfach das Zimmer, in dem die Eltern nachts aufzufinden sind.

«Papa, auf dem Tablet funktioniert das WLAN nicht», sagt Lotta, die plötzlich vor unserem Bett steht, mit einem iPad in der Hand. «Kannst du mal gucken?»

«Lotta, es ist nicht sehr höflich, einfach so ins Schlafzimmer zu platzen, das ist privat.»

Lotta guckt leicht angewidert: «Was soll denn hier privat sein?»

«Na ja, stell dir mal vor, wie wären gerade am Knutschen, wenn du reinkommst.»

«Papa, das ist ja widerlich!» Lotta verlässt fluchtartig das Schlafzimmer.

Aber nicht mal eine Minute später ist sie wieder da: «Papa, kannst du jetzt endlich mal das WLAN hier einstellen?»

Ich stelle das WLAN auf dem iPad ein und sage meiner Tochter, dass sie jetzt aber nicht mehr Videos gucken soll, sondern mal ein Buch lesen. Lotta meint, sie habe ja schon einmal ein Buch gelesen, und verschwindet wieder.

Ich versuche derweil, das Internet auf dem Laptop zum Laufen zu kriegen. Leider ist im Schlafzimmer ein ganz schlechter Empfang. Als ich damals den Router im Haus installierte, habe ich die Bedeutung von Wohnungs-IT unterschätzt. Ich war naiv davon ausgegangen, dass man im Schlafzimmer ja eher Bücher liest. Leider lese ich jetzt keine Bücher, sondern habe miesen Empfang.

Nun schauen meine Frau und ich also einen Krimi. Der Krimi aus der Mediathek funktioniert aber eher wie ein Daumenkino. Ständig friert das Bild ein, und man guckt wieder auf das rotierende Kreissymbol, welches anzeigt, dass versucht wird, etwas zu laden. Ich habe das Gefühl, mein ganzes Leben gucke ich auf diese Warte-Symbole. Früher waren es Sanduhren, ganz, ganz früher mal Bienchen, jetzt sind es regenbogenfarbige Bällchen. Und immer bedeuten sie: Es geht nicht weiter. Du willst etwas wissen, du willst etwas sehen, aber du kannst es nicht. Die Welt bleibt dir verschlossen. Du wirst nie erfahren, warum, irgendein Server antwortet nicht, irgendein Plugin funktioniert nicht, irgendeine Website existiert nicht mehr. Du musst warten auf nichts.

Mein erster Rechner hatte eine Festplatte von 40 Megabyte, so wenig hat heute nicht mal mehr ein Chip in einer Quarzuhr. Mein erstes Modem hatte 9600 Baud und verbreitete seine Signale mit Piepstönen durch die Telefonleitung. Das ist kein Vergleich zur Breitbandgeschwindigkeit von 100 Megabit pro Sekunde, für die ich heute zahle. Aber das Ergebnis ist das Gleiche: Ich warte.

Ständig ist von Beschleunigung die Rede, alles ist superultraschnell geworden – und ich gucke weiter auf rollende Rädchen. Ich werde sterben, auf ein rollendes Rädchen guckend. Das ist mein Schicksal. So denke ich, da platzt Greta herein. Ich will ihr sagen, dass das Schlafzimmer der Privatbereich der Eltern ist und dass sie bitte …

«Lotta hat das iPad genommen, was soll ich jetzt machen?», schimpft Greta los.

Ich sage ihr, dann solle sie halt ihr Handy benutzen.

«Ha, lustig, das hast du doch mit der Bildschirmzeit gesperrt!»

Ich sage ihr, dass sie abends ja auch keine Medien mehr konsumieren soll, sehe aber ein, dass ich ihr nicht verbieten kann, jetzt noch Videos zu gucken, wenn ich es Lotta erlaube. Ich gebe ihr also mein Handy, ich brauche es ja heute nicht mehr.

Greta zieht ab, meine Frau meint, es mache ja wohl keinen Sinn, diesen Film weiter zu gucken, wenn sich auf dem Bildschirm ohnehin niemand bewegt. Ich sage ihr: «Vielleicht soll das ja die Leiche sein, die kann sich ja nicht mehr so gut bewegen.» Meine Frau findet das so mittel lustig.

Juli kommt rein, heulend, mit der Tigerbox in der Hand.

Ich sage ihr: «Gell, das war zu gruselig mit den drei Ausrufezeichen...», und will sie tröstend in den Arm nehmen.

«Nein, die blöde Teigerbox funktioniert nicht mehr, jetzt weiß ich gar nicht, ob das Gespenst aus der Geschichte echt war!»

Ich will nach meinem Handy greifen, um die Bluetooth-Verbindung zu Spotify wieder zu aktivieren, und sehe dann, dass ich es ja schon meiner anderen Tochter mitgegeben habe, die natürlich sofort die Verbindung zu Julis Lautsprecher gekappt hat. Juli ist mit der Erklärung, dass sie jetzt leider ohne Geschichte aus dem Bluetooth-Reich einschlafen muss, nicht zufrieden. Meckernd kriecht sie unter unsere Bettdecke und schläft ein.

Der Krimi streikt noch immer. Ich schiebe es auf die Öffentlich-Rechtlichen und ihre schlechte Serverstruktur und schlage vor, dass wir stattdessen ja auch etwas auf Netflix angucken könnten. Es gebe da einen neuen Liebesfilm aus Polen, der habe gute Kritiken bekommen. Meine Frau ist davon nicht begeistert, stimmt aber zu.

Die Übertragung von Netflix funktioniert meistens besser. Gerade will ich den preisgekrönten Film anklicken, da werde ich jäh vom Streamingdienst gestoppt. «Zu viele Teilnehmer schauen gerade», leuchtet mir eine Anzeige entgegen. Es wird auch angezeigt, wer was guckt: Lotta schaut «Sex Education» (darf sie das?), Greta guckt «The Vampire Diaries», und Luna schaut «Haus des Geldes». Für uns ist kein Platz mehr frei, es sei denn, wir würden ein Upgrade kaufen, hier und jetzt.

Ich taste nach dem Handy meiner Frau, um Luna anzutexten, ob sie vielleicht mal aus der Leitung gehen könne, damit meine Frau und ich ... Aber da sehe ich, meine Frau ist schon eingeschlafen. Leise schnurpselt sie mit ihrer Tochter um die Wette.

Ich klappe den Rechner zu. Jetzt wäre die Zeit, den Roman weiterzulesen. Aber ich bin nun irgendwie auch zu müde. Ich lösche das Licht. Nun beginnt also endlich meine medienfreie Zeit, denke ich. Ich höre Juli im Schlaf kichern, sie scheint etwas sehr Lustiges zu träumen. Dunkelheit umgibt mich, und das Kichern des schlafenden Kindes. Ich glaube, von uns allen sieht Juli gerade den besten Film. Träume sind der schönste Stream.

TILLMANN PRÜFER, geboren 1974, ist Stilchef und Mitglied der Chefredaktion des ZEITmagazins, wo seit 2018 wöchentlich seine beliebte Kolumne «Prüfers Töchter» erscheint. Sein erstes Buch über seine vier Töchter, «Kriegt das Papa, oder kann das weg?», wurde von Presse und Publikum gefeiert. Tillmann Prüfer lebt mit seiner Familie in Berlin.

Die Rowohlt Verlage haben sich zu einer nachhaltigen Buchproduktion verpflichtet. Gemeinsam mit unseren Partnern und Lieferanten setzen wir uns für eine klimaneutrale Buchproduktion ein, die den Erwerb von Klimazertifikaten zur Kompensation des CO_2-Ausstoßes einschließt.
www.klimaneutralerverlag.de

MIX
Papier aus verantwortungsvollen Quellen
FSC® C083411
FSC
www.fsc.org